3

# Istanbul

**Michael Neumann-Adrian**
**Christoph K. Neumann**

## MERIAN-TopTen

*Höhepunkte, die Sie unbedingt sehen sollten*

**1 Kapalı Çarşı (Gedeckter Basar)**
Tausende von Läden, hunderte von Werkstätten, Gerüche, Farben und das Gewirr aller nur denkbaren Sprachen (→ S. 24).

**2 Internationales Musikfestival**
Das Treffen der Musikkulturen unter Mitwirkung diverser Weltstars bestimmt im Frühsommer Istanbuls Kulturleben (→ S. 36).

**3 Ayasofya (Hagia Sophia)**
Die gewaltige byzantinische Kirche Justinians (erbaut 537) ist immer noch das Symbol Istanbuls (→ S. 45).

**4 Galata Kulesi (Galataturm)**
Von hier reicht der Blick über die ganze Pracht der Stadt – der Gegenwart und der vergangenen Jahrhunderte (→ S. 49, 76).

**5 Kariye Camii (Chora-Kirche)**
Höhepunkt spätbyzantinischer Kunst: Fresken und Mosaiken des 14. Jahrhunderts (→ S. 50).

**6 Süleymaniye Camii (Süleymaniye-Moschee)**
Die Moschee ist ein Meisterwerk osmanischer Architektur (→ S. 53, 82).

**7 Topkapı Sarayı (Topkapı-Palast)**
Unbezahlbare Schätze, einst von Sultanen hinterlassen, sind hier zu bestaunen (→ S. 55).

**8 Arkeoloji Müzeleri (Archäologische Museen)**
Die Museen zeigen die schönsten Funde der anatolischen und arabischen Provinzen des Osmanenreichs (→ S. 63).

**9 Eyüp**
Die Gegend um das Grab Ayyub al-Ansaris ist Ziel vieler Pilger. Hier ist Istanbul orientalischer als irgendwo sonst (→ S. 70).

**10 Bosporusfahrt**
Das »blaue Band« zwischen Europa und Asien bietet spektakuläre Landschaften (→ S. 84).

MERIAN-Tipps ⋯⟶
finden Sie auf Seite 128

# Inhalt

## Erläuterung der Symbole

 *Für Familien mit Kindern
besonders geeignet*

 *Diese Unterkünfte haben
behindertengerechte Zimmer*

 *In diesen Unterkünften
sind Hunde erlaubt*

CREDIT *Alle Kreditkarten
werden akzeptiert*

*Keine Kreditkarten
werden akzeptiert*

*Preise für Übernachtungen im
Doppelzimmer mit Frühstück:*
●●●● *ab 150 €* ●● *ab 60 €*
●●● *ab 100 €* ● *bis 60 €*

*Preise für ein Menü mit Vorspeise,
Dessert und Getränken:*
●●●● *ab 50 €* ●● *ab 10 €*
●●● *ab 25 €* ● *bis 10 €*

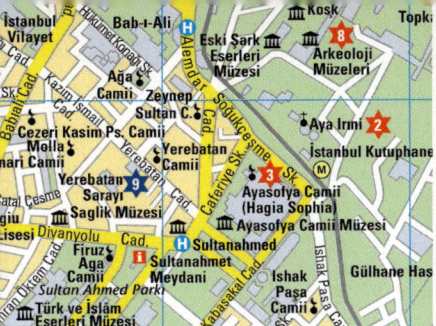

*Die Buchstaben-Zahlen-Kombinationen im Text verweisen auf die Planquadrate der Karten, z. B.*

⇢ S. 118, C 17  Kartenatlas
⇢ Umschlagkarte hinten, b 2

**Mit Stadtplan**

⇢ S. 67

MERIAN *live!*-QUIZ

presented by **OLYMPUS**

# Istanbul stellt sich vor

*Der beste Rundblick über die Stadt bietet sich vom Galataturm (→ S. 49). Neben dem Goldenen Horn und dem unendlichen Dächermeer sieht man auf der anderen Seite der Galatabrücke mehr als nur eine bekannte Moschee.*

Wer nach Istanbul kommt, macht eine Reise in die glorreiche Vergangenheit. Aber auch die faszinierende Widersprüchlichkeit der modernen kosmopolitischen Metropole zeigt sich vielerorts.

Istanbul, Stadtteil Fatih: Kaum eine Frau geht hier unverschleiert oder doch wenigstens in langem, hellem Mantel und mit großem, das ganze Haar bedeckendem Kopftuch. Die Männer tragen Turbane oder die »takke«, eine kleine Kappe, weite Hosen und halblange Mäntel. Wenn der Gebetsruf ertönt, überschallt er jedes andere Geräusch, und viele stellen ihre Tätigkeit ein, beeilen sich, zur Moschee zu kommen, um die rituellen Waschungen vor dem Gebet vorzunehmen. Blasse Jungen mit religiösen Büchern unter dem Arm kommen dazu; sie haben das Studium des Korans unterbrochen, um ebenfalls am obligatorischen Gebet teilzunehmen.

So sieht, jedenfalls in Teilen, der Stadtteil Fatih in Istanbul heute aus. Unzugänglich, traditionell und durch den Islam geprägt.

Szenenwechsel: In der glitzernden Shoppingmall »Akmerkez« bummeln Jugendliche. Sie tragen teure Markensportkleidung (oder doch wenigstens das, was danach aussieht), manche haben trotz der sanften Hintergrundmusik einen Walkman dabei, aus dem weiß Gott keine religiöse

## Zwischen Orient und Okzident

Predigt tönt. Und wenn sie mit ihrer Pizza fertig sind, gehen sie raus auf den Parkplatz – zum Rap-Tanzen.

Re-Islamisierung oder Verwestlichung, Tradition oder Moderne, in welche Richtung entwickelt sich die Stadt, die sich stets im Übergangsbereich zwischen Orient und Okzident bewegt?

Istanbuls Staub und Steine sind aus Gold«, heißt es sprichwörtlich. Deswegen nimmt die Bevölkerungszahl, die über Jahrhunderte im Bereich einer halben Million geschwankt und nach dem Zweiten Weltkrieg eine Million erreicht hatte, nach wie vor rapide zu: Leben heute zwölf Millionen Menschen in der Stadt, oder sind es gar vierzehn? Der Zustrom ist unvermindert, denn in Istanbul kann man sein Auskommen finden; auf dem Lande nur, wenn man hinreichend Felder besitzt, im armen Osten und Südosten Anatoliens oft nicht einmal dann. Und wer eine Ausbildung hat, findet den entsprechenden Arbeitsplatz noch am ehesten in der Stadt.

Die Folgen sind verheerend. Istanbul explodiert. Die Bodenspekulation blüht, längst kontrollieren mafiaähnliche Organisationen große

## Bedenkliche Folgen eines ungebremsten Wachstums

Teile des Grundstücksmarktes. Mehr als die Hälfte der Einwohner lebt in Vierteln, die nicht durch kommunale oder staatliche Planung entstanden sind, sondern dadurch, dass Zuwanderer sich illegal auf Staatsland ansiedelten. Die Infrastruktur wächst erst anschließend. Für Strom, Wasser, Müllabfuhr, Buslinien und Schulen kann dann naturgemäß nur nachträglich gesorgt werden.

Von diesen Vierteln, die abseits der großen Durchfahrtsstraßen und Zentren liegen, sieht der normale Reisende wenig. Aber die Folgen dieses Wachstums erlebt auch er: die Luftverschmutzung, den Wassermangel (obwohl alle besseren Hotels über eigene Reservoirs verfügen) und vor allem die schlechte Wasserqualität (kein Leitungswasser trinken, vor allem im Sommer nicht!), den ständigen Lärm, das Müllproblem, das Verkehrschaos, den Fraß des Betonkrebses, der historische Bausubstanz vernichtet und kaum noch Grünflächen übrig lässt. Istanbul wird zur ökologischen Wüste. Seine Bewohner tragen die Folgen.

Allerdings ist das nicht die ganze Wahrheit. Istanbul explodiert zwar, aber es blüht auch. Ehrgeizige und mutige Neubauten entstehen, eine U-

Bahn wurde gebaut, das Telefonnetz ist innerhalb eines Jahrzehnts vollständig erneuert worden. Die historischen Zentren werden herausgeputzt, eine Hotellerie ist entstanden, die auch verwöhnte Reisende überrascht. Es werden Parks angelegt. Die Musikszene und die zeitgenössische Kunst sind so aufregend, dass das Schlagwort »Cool Istanbul« die Runde macht.

## Glaube als Brückenschlag zwischen den Gegensätzen

Weder die rosarote noch die schwarze Brille vermitteln den richtigen Eindruck. Das Leben in Istanbul ist voller Gegensätze, und es ist ungerecht. Da ist es nur natürlich, dass die Verlierer versuchen, sich zu wehren. In diesen Teilen der Gesellschaft hat der Islamismus seine Chance. Er verspricht, die Widersprüche aufzuheben, unter denen diese Stadt leidet. Und er beruft sich dabei auf die Vergangenheit. An dieser Stelle berühren sich die Neugier des Reisenden und die Lebensfragen des Bewohners der Stadt.

Vergangenheit hat Istanbul im Übermaß. Schließlich war es die Hauptstadt dreier Weltreiche, des Römischen, Byzantinischen und Osmanischen: Diese Karriere begann, als sich Kaiser Konstantin 324 entschloss, das kleine, wenig bedeutende Byzantion, das auf dem Gelände des **Topkapı-Palastes** lag und von dem kaum etwas übrig ist, zu Nova Roma, dem »Neuen Rom«, auszubauen. Im Jahr 330 wurde die um Kaiserpalast, Senat, Forum und eine Halle der Heiligen Weisheit, die erste Hagia Sophia, ausgebaute Stadt unter dem Namen Konstantinopel Reichshauptstadt. Ihre Westmauer verlief in etwa auf der Linie Atatürk-Brücke–Fatih-Moschee–Krankenhaus Cerrahpaşa. Kaiser Theodosius erweiterte in der ersten Hälfte des 5. Jh. den Mauerring der Altstadt auf die heute erhaltene Größe – Konstantinopel war mit etwa 1400 ha fast so groß wie Rom. Was aus dieser römischen Zeit übrig geblieben ist, etwa die **Konstantinssäule Çemberlita** oder den **Valens-Aquädukt**, ist zwar beeindruckend, spielt für die Stadt aber keine große Rolle mehr.

*Die Kuppeln der Blauen Moschee (→ S. 54) gleichen einer Wasserkaskade. Sie ist die einzige Moschee Istanbuls, die über sechs Minarette verfügt.*

Anders verhält es sich schon mit der byzantinischen Vergangenheit. Denn als Metropole des den Balkan und Anatolien, anfangs sogar das ganze östliche Mittelmeer beherrschenden griechischsprachigen und orthodoxen Kaiserreiches fand Istanbul zum ersten Mal seinen eigenen Stil. Das römische Konstantinopel hatte ein Vorbild, eben Rom, das byzantinische wurde selbst zum viel bewunderten Muster. Bis heute ist Istanbul für viele orthodoxe Griechen »die Stadt« an sich, bis heute residiert hier der ökumenische Patriarch, der Gottesdienste feiert, auch wenn sich die griechischen Gemeinden der Stadt durch Abwanderung ausdünnen und die wichtigsten der alten byzantinischen Kirchen in Museen oder Moscheen umgewandelt sind.

Noch gegenwärtiger ist die osmanische Vergangenheit der Stadt. Seit 1453 ist sie vor allem türkisch, auch wenn das Osmanische Reich nie ein Nationalstaat war. Ohne Minarette, ohne Moscheekuppeln, ohne die türkische Sprache ist Istanbul heute nicht mehr denkbar. Und auch wenn der größte Teil der heutigen Stadt auf Grund steht, der zu osmanischer Zeit noch nicht dazugehörte (**Kartal** und **Maltepe** waren etwa Rastplätze des osmanischen Heeres nach dem ersten Tagesmarsch), empfindet sich die heutige Stadt zuallererst als Erbe dieser osmanischen Metropole.

## Der Aufstieg einer Stadt

Tatsächlich ist Istanbul erst durch die Osmanen zu Istanbul geworden. Die Silhouette wird durch Kuppeln und Minarette bestimmt, und die alten osmanischen Viertel bilden immer noch die Grundstruktur der Innenstadt. Die Stiftungen der Sultane prägten ihr Gesicht. Für diese Einrichtungen und natürlich für den Hof des Großherrn zog Istanbul über Jahrhunderte das Beste an sich, was der Balkan, Anatolien und die arabische Welt zu bieten hatten. Die größten Moscheen etwa entstanden nicht nur als fromme Gabe eines Herrschers, sondern zugleich als Zeichen seiner Macht und religiösen Rechtfertigung, aber auch als Investition in die Stadt. Denn Moscheen und die dazugehörigen Gebäude bildeten den Kern neuer Stadtviertel, boten Arbeits- und in angeschlossenen Lehranstalten auch Unterrichtsplätze.

*Die Fischerboote am kosmopolitischen Viertel Goldenes Horn versorgen die zahlreichen dort ansässigen Fischrestaurants mit frischer Ware.*

Das Osmanische Reich als die Goldene Zeit Konstantinopels? In der verklärenden Rückschau bestimmt, denn die übersieht häufige Stadtbrände, Aufstände und ihre blutige Unterdrückung, Armut und Unfrieden, an denen es auch unter den Osmanen nicht gefehlt hat.

Aber die Türkische Republik, die 1923 gegründet wurde und mit Ankara eine andere Hauptstadt wählte, ist eben keine reine Erfolgsgeschichte. Zwar steht sie nicht schlecht da, wenn man sie mit den anderen Staaten vergleicht, die auf osmanischem Territorium entstanden. Aber die Türken finden, ihr Land könne so entwickelt sein wie Deutschland oder Amerika. Die sich auf nationale Größe berufende Ideologie der Republik findet dieses Bedürfnis gerade in dem Staat befriedigt, den sie überwunden hat: dem Osmanischen Reich. Ist es da erstaunlich, dass sich eine national-islamische Ideologie ausbildet? Eine Ideologie, die sich auf osmanische Größe beruft, aber das Osmanische Reich gründlich missversteht. Ein Bummel durch **Beyoğlu** zeigt ja, dass Istanbul auch zu osmanischen Zeiten kosmopolitisch war, vielleicht mehr als heute, wo Zuwanderer aus Anatolien das Bild prägen. Und Beyoğlu war keine Ausnahme: Kosmopolitisch waren der **Große Basar,** die Viertel am **Goldenen Horn,** am **Bosporus,** die Gegend von **Samatya.**

Das Missverständnis geht aber noch weiter: Hauptangriffspunkt für die Islamisten in Fatih sind die Hollywoodfilme und die als »westlich« empfundene Wissenschaft. »Orient« ist nicht nur »Erbe«, er ist auch bewusste und unbewusste Reaktion auf die ungleichmäßige Teilnahme an der Weltgesellschaft. Eine Ungleichmäßigkeit, die sich in der Stadt abbildet. Wer aus Mitteleuropa nach Istanbul reist, kommt insofern noch heute in einem anderen Weltteil an. Orient im Sinne des 19. Jh. ist Istanbul nicht. Stattdessen ist es eine Stadt am Ran-

*Istanbul hat zwei ganz unterschiedliche Gesichter – ein europäisch orientiertes und ein islamisch geprägtes.*

de Europas, bei der sich noch entscheiden muss, wohin sie in einer Generation gehören soll: in die Reihe der Megastädte in den Entwicklungslän-

## Wohin weist die Zukunft?

dern, wie Kairo, Mexico City, Bangkok, oder neben aufstrebende Metropolen wie Neapel und Barcelona. Was dabei hoffentlich überlebt, ist die türkische Menschlichkeit, die den Besucher offen aufnimmt.

Nehmen Sie sich also die Zeit, Nischen zu entdecken. Sie werden die zurückhaltende und herzliche türkische Freundlichkeit finden, die Geduld und die Höflichkeit. Sie werden beginnen, die Stadt nicht nur wegen ihrer Pracht zu bewundern, sondern sie wegen ihrer Widersprüche und ihrer Menschen zu mögen, vielleicht sogar zu lieben.

# Gewusst wo ...

*In der zwischen zwei Meeren gelegenen Stadt dominiert Fisch die Speisekarten der Restaurants im alten Armenierviertel Kumkapı (→ S. 18).*

Eine Stadt – so voller Leben wie ein ganzes Land. Zu Recht berühmt ist die türkische Küche, aber langsam spricht sich herum, dass sich Istanbuls Nachtleben dem von Paris oder London annähert.

# Übernachten

## Schlafen wie ein Sultan – Komfort von heute im Ambiente vergangener Jahrhunderte.

*Das Richmond Hotel mit Glasfront aus dem 19. Jahrhundert liegt direkt an der von Leben vibrierenden İstiklâl Caddesi, Istanbuls berühmter Flaniermeile.*

Sagenhafter Luxus? Familiäre Atmosphäre? Ein Haus mitten im historischen Zentrum der Stadt? Oder einfach nur eine preiswerte Bleibe? In Istanbul gibt es wirklich alles. Wobei auf den nächsten Seiten kaum eines der vielen bescheideneren Hotels des Viertels Lâleli/Aksaray erwähnt wird. Nicht, weil sie schlecht sind, sondern weil sie einander meist sehr ähneln. In diesem Führer finden nur Häuser Platz, deren Konzept und Lage besonders gelungen sind.

Deswegen übergehen wir auch einige der berühmtesten Häuser. Das Pera Palas (Meşrutiyet Cad. 98–100, Beyoğlu), schon im Zeitalter des Orientexpress weltweit eine Legende, wird gerade gründlich renoviert, um den zwischenzeitlich arg abgenutzten Zauber der Vergangenheit wiederherzustellen. Ende 2008 soll das Hotel in neuem Gewand wiedereröffnet werden. Gründe des Geschmacks verbieten uns, den völlig verkitscht eingerichteten ehemaligen Çırağan-Palast und das aus dem alten Gefängnis von Sultanahmet hervorgegangene Four Seasons unseren Lesern zu empfehlen.

Erfreulich ist die Entwicklung in Sultanahmet. Zwar sind viele der billigen Hotels für Jugendliche verschwunden, aber an ihrer Stelle werden nun historische Wohnhäuser zu Hotels umgebaut. Die Zimmer sind aus architektonischen Gründen nicht besonders groß, die Betreiber dafür umso engagierter und die Atmosphäre fast freundschaftlich und familiär. Und schließlich Beyoğlu, das Hotelviertel des 19. Jh. Zwischenzeitlich hatte es an Glanz verloren, aber in den letzten Jahren hat sich hier Erfreuliches getan. Einige weitere Luxushotels eröffneten, und kleinere Häuser zogen nach. Wer Istanbul wegen des Essens, des Shoppings und des Nachtlebens besucht, ist gut beraten, ein Hotel in dieser belebten Gegend zu buchen.

## MERIAN-Tipp

### 1 Hyatt Regency Hotel

Das erste postmoderne Luxushotel Istanbuls liegt etwas nördlich des Taksim-Platzes. Auffällig schon der rosa Anstrich und die Fassadengliederung mit orientalisierenden Bogenfenstern und Säulen. Geschäftsleute finden im Hyatt ein Stockwerk mit separatem Check-in und Business-Center. Fitnessclub, Freiluft-Schwimmbad und Tennisplätze bieten die gesunde Alternative zum gepflegten Drink an einer der Bars.

Taşkışla Cad., Taksim; Verkehrsknotenpunkt Taksim; Tel. 02 12/3 68 12 34, Fax 3 68 10 00; www.istanbul.regency.hyatt.com; 360 Zimmer ●●●● CREDIT ♿
····≯ S. 115, nördl. D 9

**HOTELS** ●●●●
**Intercontinental Ceylan**
····≯ S. 114/115, C/D 9
Was jahrzehntelang das Sheraton war, ist total renoviert als Interconinental neu eröffnet worden. Eine Welt des Luxus und des Sports mitten in der Stadt. Hauptattraktion: das klar beste Panoramarestaurant Istanbuls. Asker Ocağı Cad. 1, Taksim; Verkehrsknotenpunkt Taksim; Tel. 02 12/3 68 44 44, Fax 3 68 44 99; www.interconti.com; 445 Zimmer ●●●● CREDIT ♿ 🐾

**Ortaköy Princess** ····≯ S. 85, b 3
Ortaköy ist ein freundliches Viertel am Bosporus mit bewegtem Nachtleben; und das Princess passt hierhin: komfortables 5-Sterne-Hotel mit **Rock House Café**, Dachterrasse und türkischem Bad. Dereboyu Cad. 36/38, Ortaköy; Anlegestelle Ortaköy; Tel. 02 12/2 27 60 10, Fax 2 60 21 48; www.ortakoyprincess.com; 85 Zimmer ●●●● CREDIT ♿

**Richmond Hotel** ····≯ S. 114, A/B 11
Das einzige Hotel, das direkt an der İstiklâl Caddesi liegt, versteckt ge-

schick seine Größe: Die gläserne Fassade umfängt eine Front aus dem 19. Jh. Die zentrale Lage an der Fußgängerzone ist der größte Pluspunkt des komfortablen Hauses.

**İstiklâl Cad. 445, Beyoğlu; Tramhaltestelle Tünel; Tel. 02 12/2 52 54 60, Fax 2 52 97 07; www.richmondhotels.com.tr/ Otel_Istanbul.htm; 206 Zimmer ●●●●** AmEx MASTER VISA

**HOTELS ●●●**

**Anemon Galata Hotel** ····⟩ S. 113, F 8
Direkt gegenüber dem Galataturm ist dieses kleine Hotel in einem Gebäude des 19. Jh. mit etwas eigenwilligem Säulenvorbau untergebracht. Schön eingerichtete Suiten, vom Dachrestaurant mit Weinbar wunderbarer Blick über das Goldene Horn.
**Bereketzade M. Büyükhendek Cad. 11, Kuledibi, Galata; Tramhaltestelle Tünel; Tel. 02 12/2 93 23 43, Fax 2 92 23 40; www.anemonhotels.com; 30 Zimmer ●●●** AmEx MASTER VISA

**Armada** ····⟩ S. 119, E 20
Nostalgiehotel gleich hinter der Seemauer in einem alten restaurierten Stadtpalast. Die Einrichtung ist zum Teil im osmanischen Stil gehalten.
**Ahırkapı Sok. 24, 34122 Sultanahmet; Vorortbahn nach Cankurtaran; Tel. 02 12/4 55 44 55, Fax 4 55 44 99; www. armadahotel.com.tr; 110 Zimmer ●●●** AmEx MASTER VISA ♿

**Pierre Loti** ····⟩ S. 119, D 19
Benannt nach dem französischen Orientliebhaber und Dichter. Ein kleines, komfortables Haus zwischen Großem Basar und Sultanahmet.
**Piyerloti Cad. 5, Çemberlitaş; Tramhaltestelle Çemberlitaş; Tel. 02 12/5 18 57 00, Fax 5 16 18 86; www.pierrelotihotel.com; 36 Zimmer ●●●** AmEx MASTER VISA

**Yeşil Ev** ····⟩ S. 113, E 19
Das »Grüne Haus« ist eine sorgfältig restaurierte Stadtvilla, eingerichtet im Stil des späten 19. Jh. Der Gast erlebt den Luxus des Generaldirektors

## MERIAN-Tipp

### ② Halki Palas

Älter, intimer und luxuriöser als das berühmte Hotel Pera Palas ist das Halki – aber nahezu unbekannt. Auf der Südseite der Prinzeninsel Heybeli (griechisch: Halki) gelegen, verbindet das nach einem Brand im Jahr 1991 wieder aufgebaute Haus den Charme der Großbourgeoisie des 19. Jh. mit allem Komfort des 21. Jh. Eine Dampferstunde von der Innenstadt entfernt (private Bootsverbindung vorhanden) kann man hier wunderbar Ferien im Grünen machen.

**Refah Şehitleri Cad., Heybeliada; Dampferanlegestelle Heybeliada; Tel. 02 16/3 51 00 25, Fax 3 51 00 32; www. halkipalacehotel.com; 45 Zimmer ●●●● CREDIT**

····⟩ Umschlagkarte hinten, d 4

der osmanischen Monopolverwaltung. Zwei Gehminuten zur Hagia Sophia.
**Kabasakal Cad. 5, Sultanahmet; Tramhaltestelle Sultanahmet; Tel. 02 12/5 17 67 85, Fax 5 17 67 80; www.istanbulyesilev.com; 19 Zimmer ●●● CREDIT**

**Dersaadet Hotel** ····⟩ S. 119, D 20
Boutiquehotel nahe der Küçük Ayasofya Camii (→ S. 51), das versucht, etwas von dem Wohngefühl eines osmanischen Stadthauses zu vermitteln. Wie die meisten Zimmer bietet die Dachterrasse einen Blick über das Marmarameer. Freundlicher Service.
**Küçükayasofya Cad. Kapıağası Sok No: 5, Sultanahmet 34400; Bahnstation Cankurtaran, Tramhaltestelle Sultanahmet; Tel. 02 12/4 58 07 60, Fax 5 18 49 18; www.hoteldersaadet.com; 17 Zimmer ●● bis ●●● CREDIT**

**Villa Zürich** ····⟩ S. 114, C 11
Das Viertel Cihangir in unmittelbarer Nähe des Taksim-Platzes ist in Mode. Mitten drin dieses Hotel voller freundlicher Understatements.

Akarsu Cad. 44–46, Cihangir; Verkehrsknotenpunkt Taksim; Tel. 02 12/2 93 06 04,
Fax 2 49 02 32; www.hotelvillazurich.com;
45 Zimmer ●● bis ●●● `AmEx` `MASTER` `VISA`

## HOTELS ●●
### Ayasofya Konakları
⋯⋙ S. 119, E 19
Diese Pensionen sind in wiederherge-
stellten Holzhäusern an der Mauer des
Topkapı-Palastes mit Blick auf die Hagia Sophia untergebracht in einer kleinen, autofreien Straße. Die rückwärtigen Zimmer sind meist dunkel!
Soğukçeşme Sok., 34400 Sultanahmet;
Tramhaltestelle Sultanahmet; Tel.
02 12/5 13 36 60, Fax 5 13 36 69; www.
ayasofyapensions.com; 70 Zimmer ●●●
`AmEx` `MASTER` `VISA` ♿

### Sed Oteli
⋯⋙ S. 115, D 10
Gut geführtes Haus mit wunderbarem
Blick auf den Bosporus und gutem
Service nahe des Taksim-Platzes.
Besaret Sok. 4, Ayaspaşa; Bushaltestelle
Gümüşsuyu; Tel. 02 12/2 52 27 10, Fax
2 52 42 74; www.sedhotel.com; 50 Zim-
mer ●●● `AmEx` `MASTER` `VISA`

### Sultan's Inn
⋯⋙ S. 119, D 20
Gästehaus mit schöner Dachterrasse
im Schatten der Kirche der Hl. Sergios
und Bakchos.
Mustafa Pasa Sok. 50, Küçükayasofya
Mah., Sultanahmet; Tramhaltestelle
Sultanahmet; Tel. 02 12/6 38 25 62,
6 38 25 63, Fax 5 18 54 53; www.
sultansinn.com; 17 Zimmer ●● `MASTER` `VISA`

### Tashkonak
⋯⋙ S. 119, D 20
Kleines Hotel mit Garten (Rest byzan-
tinischer Kirche), Terrasse, Internet.
Kücükayasofya Cad., Tomurcuk Sok. 5,
Sultanahmet; Vorortbahn nach Cankurta-
ran; Tel. 02 12/5 18 28 82, Fax 6 38 84 91;
www.hoteltashkonak.com; 32 Zimmer ●●
`MASTER` `VISA`

### Vardar Palace Hotel
⋯⋙ S. 114, C 10
In einem architektonisch interessan-
ten Haus aus dem ausgehenden 19. Jh.
untergebrachtes Hotel gleich in der
Nachbarschaft des Taksim-Platzes.
Die Ausstattung ist ziemlich funktio-
nal; die Zimmer verfügen über keinen
Blick über das Goldene Horn.
Sıraselviler Cad. 54–56, 34433 Taksim;
Verkehrsknotenpunkt Taksim; Tel.
02 12/2 52 28 88, Fax 2 52 15 27; www.
vardarhotel.com; 40 Zimmer ●● `CREDIT`

### Yenişehir Palas
⋯⋙ S. 114, A 11
Nicht gerade ein Palast, aber zentral
gelegen mit zuverlässigem Standard.
Oteller Sok. 1–3, Tepebaşı; Verkehrs-
knotenpunkt Tünel; Tel. 02 12/2 52 71 60,
Fax 2 49 75 07; www.yenisehirpalas.com;
171 Zimmer ●● `AmEx` `MASTER` `VISA` ♿

## HOTELS ●
### Büyük Hamit Oteli
⋯⋙ S. 118, A 18
Preisgünstiges Hotel mit großen Zim-
mern am nördlichen Rand des Hotel-
viertels von Lâleli.
Gençtürk Cad. 72–74, Lâleli; Bus- und
Dolmuş-Haltestelle Vezneciler; Tel. 02 12/
5 13 82 24-26, 5 12 39 02, Fax 5 11 00 16;
88 Zimmer ● ⬚ ♿

## HOTELS AUSSERHALB DER STADT
### İstanbul Polat Renaissance
⋯⋙ Umschlagkarte hinten, b 3/4
In der Nähe des Flughafens gelege-
nes Luxushotel am Marmarameer,
mit speziellen Etagen für Geschäftsleute bzw. Nichtraucher in einem der
angenehmsten Vororte Istanbuls.
Sahil Cad. 2, 34149 Yeşilyurt; Vorortbahn
nach Yeşilyurt; Tel. 02 12/4 14 18 00, Fax
4 14 19 70; www.polatrenaissance.com.tr;
416 Zimmer ●●●● `CREDIT`

### Gurup Oteli 👫
⋯⋙ Umschlagkarte hinten, c 1
Sport- und Ferienhotel in Kilyos am
Schwarzen Meer und fast schon in der
Stadt. Zum Strand sind es 50 m, zu-
dem findet sich auf der Terrasse ein
großer Pool mit Blick auf das Meer.
Kale Cad., Terazi Altı 21/1, Kilyos; Bushaltestelle Kilyos; Tel. 02 12/2 01 11 94,
2 01 12 51, Fax 2 01 12 66; www.
gurupotel.com.tr; 58 Zimmer ♿ ●●
`MASTER` `VISA`

# Essen und Trinken

Ihre Küche, so türkische Gourmets, gehöre mit der Frankreichs und Chinas zu den drei großen der Welt.

*Die Cité de Pera, eine überglaste Passage aus dem ausgehenden 19. Jahrhundert, beherbergt neben zahlreichen stilvollen Restaurants auch bekannte Touristenlokale.*

Was für Kunstwerke gilt, gilt auch für Rezepte: Zentren der Macht und des Reichtums ziehen sie aus allen Himmelsrichtungen an. Im osmanischen Palast und den riesigen Haushalten der Großen des Reiches wurde verfeinert und verbessert, was man auf Verwaltungsstation oder Feldzug in den Provinzen kennengelernt hatte. So vereint die türkische und zumal die Istanbuler Küche alle guten Eigenschaften balkanischer, anatolischer, arabischer und kaukasischer Kochkunst – sofern nicht religiöse Tabus das verhinderten, wie zum Beispiel beim Schweinefleisch. Und eigentlich geht der Prozess immer weiter: Die südostanatolische Küche hat erst in den letzten Jahren durch die massenhafte Zuwanderung aus dieser Gegend Eingang auf anspruchsvollere Speisekarten Istanbuls gefunden; und auch internationale Trends werden mittlerweile verfolgt. Natürlich gibt es auch die andere, von Skeptikern mit gewissem Schrecken verfolgte Art der Internationalisierung: das Vordringen amerikanischer Hamburger- und Pizzaketten.

Groß ist auch die Vielfalt der Plätze, an denen man essen kann. Es beginnt mit dem Straßenhändler, der einen einfachen Sesamkringel (»simit«) für 30 Cent verkauft oder (um nur eine andere Möglichkeit zu nennen) eine gebackene Kartoffel mit Beilagen (»kumpir«) für das Zehnfache dieses Preises. Ein »pide salonu« hat mit Hackfleisch oder Käse belegten gebackenen Brotteig zu bieten, ein »döner salonu« die dünnen Fleischscheiben, die gegrillt und vom Spieß geschnitten werden – man sollte darauf achten, dass kein Hackfleisch dabei ist. Der nächste Schritt nach oben sind die »kebap salonu« oder »lokanta« genannten Lokale, die eine größere Auswahl an Speisen bieten, allerdings nur die Letzteren sicher auch Gemüsegerichte. Eine Lizenz zum Verkauf von Alkohol besitzen sie nur selten.

Die Hauptmahlzeit ist das Abendessen. Es bietet sich an, hierzu ein einfaches »meyhane« (Lokal mit Alkoholausschank), eine gehobenere »lokanta« oder ein »restoran« (Restaurant) aufzusuchen – die Grenzen zwischen diesen Einrichtungen sind übrigens fließend.

## Hauptsache Vorspeisen – Hauptgerichte Nebensache

Ein »vollständiges« türkisches Mahl beginnt mit kalten Vorspeisen, den »mezeler«, die zur Auswahl auf einem großen Tablett gebracht werden. Die ausgewählten Mezeler werden in die Mitte des Tisches gestellt, jeder bedient sich.

Dann folgen »sıcak mezeler« oder »ara sıcaklar«, warme Zwischengerichte. Die Vielfalt türkischer Vorspeisen ist groß und die Zubereitung oft auch in einfachen Lokalen von großem Raffinement. Daher sind diese ersten beiden Gänge kulinarisch oft viel anspruchsvoller als der Hauptgang, der meistens aus gegrilltem Fleisch oder Fisch mit Salat besteht. Fisch gibt es in Istanbul natürlich in großer Auswahl; die Produkte zweier Meere kommen auf den Tisch. Trotzdem muss man den Preis vorher erfragen, da er oft übertrieben ist.

Zum Essen wird häufig neben dem unvermeidlichen Wasser »rakı« (Anisschnaps) getrunken, aber »bira« (Bier) und die meist trockenen türkischen »şarap« (Weine) sind natürlich genauso im Angebot. Das alkoholfreie »ayran«, ein Getränk aus Joghurt, Wasser und Salz, ist besonders im Sommer ein hervorragender Durstlöscher und Mineralienlieferant.

Zum Ausklang eines Essens reicht man manchmal noch Obst und trinkt immer einen »çay« (Tee) oder türkischen »kahve« (Kaffee), der »sade« (ungesüßt), »orta« (leicht gezuckert) oder »şekerli« (süß) bestellt wird.

*»Simit«, die knusprigen Sesamkringel, die von Straßenhändlern angeboten werden.*

### RESTAURANTS ●●●●
**Ece**   ····⟩ S. 85, b 3

Die Besitzerin gibt ihrem Lokal, aber auch dem Speiseangebot eine persönliche Note. Hauseigene Spezialität sind Gemüse- und Kräutergerichte; dazu gratis über den Bosporus. Reservierung empfohlen.
**Tramvay Cad. 104, Kuruçeşme; Buslinie 210; Tel. 02 12/26 59 64 00-01; tgl. 10–2 Uhr ●●●● AmEx MASTER VISA**

**Villa Bosporus**
····⟩ S. 119, nordöstl. F 17

Edles Fischrestaurant mit spektakulärem Blick auf das anatolische Ufer des Bosporus. Unbedingt empfehlenswert ist der gefüllte Tintenfisch! Der Palast von Beylerbeyi (zu besichtigen tgl. 9–16 Uhr, Eintritt 2 €) ist ganz in der Nähe, und es gibt eine bequeme Schiffsverbindung von Eminönü und Beşiktaş.
**İskele Cad. 14, Beylerbeyi; Bus- und Dampferstation Beylerbeyi; Tel. 02 16/**

3 18 68 10, 3 21 69 87; tgl. 12–1 Uhr
●●●● MASTER VISA

**Kumkapı**   ····⟩ S. 118, B 20

Im alten Armenier- und Fischerviertel Kumkapı am Bosporus ist fast alles auf den Verzehr von Fisch ausgerichtet. Was tagsüber meist unbeachtet hinter den Resten der Seemauer, der Eisenbahnlinie und der Küstenstraße liegt, erwacht abends zum populären, bereits weitgehend auf Besucher abgestellten kulinarischen Vergnügen.
**Kumkapı; Bahnhaltestelle Kumkapı; Tel. 02 12/5 17 02 64 ●● bis ●●●● (nach gewählter Fischsorte)**

### RESTAURANTS ●●●
**Barba Giritli**   ····⟩ S. 112, C 8

Bis 1911 lebten zahlreiche Türken auf Kreta; dieses Restaurant pflegt ihre Küche. Direkt neben der alten Tabakfabrik (heute Universität) gelegen, bietet dieses Restaurant einen atemberaubenden Blick auf die Stadt.
**Abdülezel Paşa Cad. 3, Cibali; Busstation Cibali; Tel. 02 12/5 33 18 66, 5 33 18 77; tgl. 13–24 Uhr ●●● MASTER VISA**

**Hamdi Et Lokantası**   ····⟩ S. 118, C 17

Kebab-Lokal mit schöner Dachterrasse gleich neben dem Ägyptischen Basar. Probieren Sie den Kebab mit Pflaumen!

---

## MERIAN-Tipp

 **Deniz Park (Aleko'nun Yeri)**

Fische zuzubereiten ist eine heikle Sache, und wenige Restaurants beherrschen diese Kunst so sehr wie dieses. Noch dazu sitzt man direkt am Wasser des Bosporus. Reservierung empfohlen.

**Daire Sok. 9, Yeniköy; Dampfer- und Bushaltestellen Yeniköy; Tel. 02 12/ 2 62 04 15; tgl. 11–24 Uhr ●●●● CREDIT**
····⟩ S. 85, b/c 2

Tahmis Cad., Kalçın Sok. 17, 34400 Emi-
nönü; Verkehrsknotenpunkt Eminönü;
Tel. 02 12/5 28 03 90; tgl. 11–24 Uhr ●●●
CREDIT

**Refik** ┄┄⟩ S. 114, A 11
Von Intellektuellen und Künstlern besuchtes Weinhaus mit guten Gemü-
severspeisen. Gemütliche Stimmung.
Sofyalı Sok. 10–12, Tünel; Tramhaltestelle Tünel; Tel. 02 12/2 43 28 34; tgl. außer
So 12–1 Uhr ●●● ▭

**Rejans** ┄┄⟩ S. 114, B 10
Weißrussische Flüchtlinge gründeten
in den 1920er-Jahren dieses Lokal.
Der mit dunklen Holzpanelen manns-
hoch verkleidete, hohe Raum be-
wahrt die kosmopolitische Atmosphäre des Beyoğlu, der Zwischen-
kriegszeit. Die Küche ist passabel,
aber der mit Zitrone versetzte Wodka
schmeckt so gut wie eh und je. Reservierung empfohlen.
Emir Nevruz Sok. 17, Galatasaray,
Beyoğlu; Tramhaltestelle Galatasaray;
Tel. 02 12/2 44 16 10; Mo–Sa 12–15, 18–
24 Uhr ●●● MASTER VISA

**Yakup 2** ┄┄⟩ S. 114, A 11
Die »2« bedeutet nicht, dass dieser
Platz zu einer Kette gehört: Er ist ein-
zigartig, bloß einmal umgezogen.
Weil das Lokal in einer wenig ansehn-

**MERIAN-Tipp**

### ✦ Asmalı'da Carit

»Meyhane« heißt eigentlich »Weinhaus«, auch wenn die meisten Raki
trinken. Im Asmalı aber gibt es sogar
einen für das Haus eigens abgefüll-
ten Wein. Das gemütliche Lokal be-
wahrt sich in seinem Obergeschoss
Wohnzimmeratmosphäre; wer unten
an den Tischen neben der Bar sitzt,
nimmt schon fast am Straßenleben
teil. Der gepflegten Getränkekarte
entspricht eine besonders reichhaltige Auswahl an Mezeler mit vielen Gerichten der jeweiligen Saison. Bei den
warmen Gerichten sind die speziellen
»köfte« (Fleischbällchen) besonders
zu empfehlen.

Asmalımescit Sok. 42, Beyoğlu;
oberer Ausgang des Tünel; Tel. 02 12/
2 92 49 50; tgl. 12–2 Uhr ●●● CREDIT
┄┄⟩ S. 113, A 11

lichen Nebenstraße der Istiklâl Caddesi untergebracht ist, trifft sich hier
das Publikum dieser Straße: Künstler,
Leute von den Privattheatern und den
Verlagen oder Lokalpolitiker. Getrunken wird meist Raki, zu essen gibt es,
was dazu passt. Und geschlossen
wird erst lange nach Mitternacht.

*Im Ägyptischen Basar finden sich nicht nur Gewürze, sondern auch herrliche Süßigkeiten.*

*Den kleinen Hunger zwischendurch stillen unzählige Imbissbuden am Straßenrand.*

Asmalı Mescit Sok. 35/37, Tünel,
Beyoğlu, oberer Ausgang des Tünel;Tel.
2 12/2 49 29 25; tgl. 12–15 und 18–2 Uhr
●●● AmEx MASTER VISA

### Çiçek Pasajı  ·····> S. 114, B 10
Kein einzelnes Restaurant, vielmehr
eine Ballung von solchen. In der Cité
de Pera, einer überglasten Passage
des späten 19. Jh., reiht sich ein Restaurant an das andere. Straßenmusi-
kanten machen Musik; Literaten und
Studenten sind ebenso anzutreffen
wie die im Sommer numerisch über-
legenen Touristen. Letzteres macht
sich auch an den Preisen bemerkbar.
Galatasaray çarşısı, Beyoğlu; Tramhaltestelle Galatasaray; tgl. 11–1 Uhr ●● bis
●●●

### İmroz Lokantası  ·····> S. 114, B 10
Eines der letzten von einem Griechen
geführten Weinhäuser Beyoğlus. Das
Ambiente ist einfach, man sitzt an wa-
ckeligen Tischen auf der Straße, aber
die Vorspeisen sind ausgezeichnet;
es ist immer etwas los, und die Preise sind mäßig. Wer keinen Platz mehr

findet, ist in einem der benachbarten
Lokale (fast) genauso gut bedient.
Nevizade Sok. 24, Balıkpazarı, Beyoğlu;
Tramhaltestelle Galatasaray; Tel. 02 12/
2 49 90 73; tgl. 12–0.30 Uhr ●● bis ●●●
⊠

### Karaköy Lokantası  ·····> S. 114, B 12
Mittags essen hier die Leute aus den
Büros der Umgebung, abends ver-
wandelt sich das Restaurant in eine
Weinstube für ganz Istanbul. Ökolo-
gisch inspirierte Spezialitäten anatoli-
tätenküche.
Kemankefl Cad. No. 35A, Karaköy; Verkehrsknotenpunkt Karaköy; Tel. 02 12/
2 92 44 55; tgl. außer So 12–2 Uhr;
● (mittags) bis ●●● (abends) CREDIT

### Pandeli  ·····> S. 118, C 17
Über dem Ägyptischen Basar in einem
verhältnismäßig niedrigen Raum sitzt
man hier an weiß gedeckten Tischen,
staunt über die alte Fliesendekoration
und beschließt, dass zu so gutem Essen auch zu dieser Tageszeit ein Glas
Wein gehört: Denn Pandeli hat nur
mittags geöffnet. Reservieren!

Mısır Çarşısı, Eminönü; Verkehrsknotenpunkt mit Schiffsanlegestelle; Tel. 02 12/
5 27 39 09; Mo–Sa 11–16 Uhr ●● bis ●●●
[AmEx] [MASTER] [VISA]

**RESTAURANTS** ●●

**Çınaraltı**                          ·····⟩ S. 85, b 3
Die Platane wächst mitten im Lokal,
und man hat einen herrlichen Blick
auf den belebten Platz von Ortaköy
direkt am Bosporus. Die Küche ist gehobener Standard, der Fisch ausgezeichnet und die Atmosphäre des
Viertels mit seinen Künstlern und Le-
benskünstlern ein Vergnügen.
İskele Meydanı 44–46, Ortaköy; Anlegestelle Ortaköy, Buslinie 210; Tel. 02 12/
2 61 46 16; tgl. 12–24 Uhr ●● [AmEx] [MASTER]
[VISA]

**Develi**                          ·····⟩ S. 116, C 16
Einer der großen »kebapçı« der Stadt,
die sich auf die Zubereitung von her-
vorragenden Fleischgerichten spezialisiert haben. Das Restaurant, das seit
1912 existiert, liegt in dem verarm-
ten, aber interessanten Viertel Imrahor, ist selbst aber auch chic.

## MERIAN-Tipp

**5 Changa**

Avantgardistische »fusion«-Küche
der Schule Peter Gordons in ebenso
cooler Atmosphäre. Das Restaurant
belebt ein altes Gebäude; von allen
Etagen hat man Blick auf die Küche
im Erdgeschoss. Ein Schnuppermenü
ist für den ersten Restaurantbesuch
zu empfehlen. International hoch ge-
lobt, betreibt das Restaurant jetzt
auch die Caféteria des Sabancı-Mu-
seums (→ MERIAN-Tipp, S. 64). Gute
Weinkarte.

Sıraselviler Cad. 47, Taksim; Verkehrsknotenpunkt Taksim-Platz; Tel. 02 12/
2 51 70 64, 249 1348; Mo–Sa 6.30–
2 Uhr; im August geschlossen (Muse-
umsfiliale geöffnet) ●●●● [CREDIT]
·····⟩ S. 114, C 10

Balıkpazarı, Gümüşyüzük Sok, Samatya;
Bahnstation Kocamustafapaşa; Tel.
02 12/5 29 08 33; tgl. 12–24 Uhr ●● [CREDIT]

**Hacı Abdullah** 🍴      ·····⟩ S. 114, B 10
Ständig wechselnde Karte, Gerichte
der türkischen bürgerlichen Küche,
hausgemachtes Salzgemüse (»turşu«)
und Kompotte, dazu penible Sauber-
keit und zentrale Lage sowie ausgesprochen günstige Preise: Das zeichnet diese Familiengaststätte (kein
Alkoholausschank) aus.
Sakızağacı Cad. 19, Beyoğlu; Verkehrsknotenpunkt Taksim; Tel. 02 12/2 93 85 61;
tgl. 11.30–22 Uhr ●● [CREDIT]

**CAFÉS UND KONDITOREIEN**
Neben Konditoreien im europäischen
Sinne, zu deren besten die der großen Hotels gehören, bietet Istanbul
zwei weitere Branchen für Leute mit
Herz für das Süße: die Milchsüßspei-
sen anbietenden »muhallebici« und
den »baklava salonu«, in dem es die
traditionellen, in Sirup getauchten
Blätterteiggebäcke mit Nüssen gibt.

**Gezi Pastanesi**            ·····⟩ S. 114, C 10
Stilvolles Café für alle Tageszeiten.
İnönü Caddesi 5 Cat. 1; Verkehrsknoten-
punkt Taksim; Tel. 02 12/2 92 53 53

**Hacı Bekir**               ·····⟩ S. 114, B 10
Traditionsreiche Kette mit breitem
Angebot türkischer Süßigkeiten.
Stammhaus: İstiklâl Cad. 129, Beyoğlu;
Tramhaltestelle Galatasaray; Tel. 02 12/
2 44 28 04; Filialen in Eminönü, Kadıköy etc.

**İnci**                     ·····⟩ S. 114, B 10
Die Konditorei, die das Profiterol in
Istanbul heimisch machte.
İstiklâl Cad. 124/1, Beyoğlu; Tramhalte-
stelle Galatasaray; Tel. 02 12/2 43 24 12

**Meşhur Bebek Badem Ezmesi**
                             ·····⟩ S. 85, b 3
Seit 1904 gibt's hier die original Bebek-
Fondants aus Mandeln und Pistazien.
Cevdet Paşa Cad. 238/1, Bebek; Buslinie
210; Tel. 02 12/2 63 59 84

# Einkaufen

**Teppiche im Großen Basar, Küchengeräte bei Straßenhändlern, Designermode in Shoppingmalls.**

*Eine kleine Stadt in der Stadt ist der Große Basar, wie der weitläufige und überdachte Gedeckte Basar (→ S. 24) meist genannt wird. Er bietet einen guten Überblick über die Vielfalt des türkischen Kunsthandwerks.*

Das alte Einkaufszentrum der Stadt, die İstiklâl Caddesi (ehemals Grand rue de Péra), erlebt wieder goldene Zeiten, seit sie für den Durchgangsverkehr gesperrt wurde. Hier gibt es neben den einheimischen und internationalen Markenläden Textilien jeder Preisklasse, aber auch Spezialgeschäfte, und da die Straße vor allem zwischen Galatasaray und Taksim-Platz viel lebendiger und unterhaltsamer ist, als eine deutsche Fußgängerzone je sein wird, gehört ein Einkaufsbummel hier eigentlich zu jedem Istanbul-Besuch.

Chic einkaufen kann man nach wie vor nördlich des Taksim-Platzes in **Nişantaşı** und **Osmanbey** sowie auf der asiatischen Seite der Stadt an der **Bağdat Caddesi**. Beide Gegenden können von sich behaupten, mehr exklusive Boutiquen und Läden zu bieten als die İstiklâl Caddesi. Nişantaşı und Osmanbey erreicht man mit jedem der Busse, die vom Taksim-Platz nach Norden abfahren; die Bağdat Caddesi mit dem Bus Nr. 200.

In den letzten Jahren sind am Stadtrand glitzernde, vollklimatisierte und bis spät in den Abend geöffnete Konsumtempel für das größere Portemonnaie hinzugekommen. In den Shoppingmalls fühlt man sich wie in einem anderen Land: Meist junge, in sportliche Markenkleidung gehüllte und offensichtlich materieller Sorgen freie Kundschaft bummelt müßig durch die Läden mit internationaler Markenmode und konsumiert Fastfood à l'américaine.

Kontrastprogramm: Das nach wie vor großartigste Einkaufserlebnis bieten die traditionellen Basare, allen voran natürlich der **Große** oder **Gedeckte Basar** (Kapalı Çarşı). Man unterscheidet zwischen Wochenmärkten (»pazar«) und festen Einkaufsvierteln (»çarşı«), in denen sich die Geschäfte nach wie vor branchenweise in Gassen gruppieren. Die äl-

## MERIAN-Tipp

 **6** **Mısır Çarşısı (Ägyptischer Basar)**

Im Ägyptischen Basar werden wie seit Jahrhunderten Gewürze, getrocknete Früchte, Rinderschinken, Lokum (»Turkish delight«) und Käse verkauft, im Vogel- und Blumenmarkt davor gibt es neben deutschem auch türkisches Saatgut – und wer für jemand Besonderen etwas Teueres sucht, findet auf dem Gelände den einzigen offiziellen Importeur kaspischen Kaviars der Türkei. Danach mit Blick auf die »Neue Moschee« noch eine Erfrischung im Teegarten und ein Bummel in die nahe historische Post – ein perfektes Erlebnis.

Verkehrsknotenpunkt Eminönü; tgl. 9–18 Uhr ⋯→ S. 118, C 17

testen dieser »çarşı« haben sich um ein festes, verschließbares Gebäude herum gebildet, den »bedesten«, der mit seinen Läden im Grunde ein Vorläufer der Shoppingmall war. Einer der Unterschiede: Im Basar wird gehandelt, in den Einkaufszentren keinesfalls.

Beim Kauf teurer Gegenstände wie Teppiche oder Schmuck sollte man eine Quittung verlangen, denn diese kann beim Zoll von Nutzen sein. Handelt es sich um eine Antiquität, wird es noch komplizierter, da für jeden Gegenstand, der älter als 100 Jahre ist, eine Ausfuhrgenehmigung der Museumsverwaltung der Provinz nötig wird, die nicht leicht zu erhalten ist.

Andererseits werden Antiquitäten häufig nachgearbeitet, und auch die meisten angebotenen Miniaturen und Kalligrafien stammen aus dem späten 20. Jh. Im ungünstigsten Fall erwirbt man also eine plumpe Fälschung, im günstigsten sucht und erhält man handwerklich exzellente Replikate.

Normale Geschäfte öffnen üblicherweise um 9 bzw. 10 Uhr und sind dann ohne Pause bis um 19 Uhr geöffnet. Viele Teppich- oder Antiquitätenläden öffnen später, haben dafür aber länger auf, besonders am Freitag und Samstag. Sonntags sind die meisten Geschäfte geschlossen. Großer und Ägyptischer Basar sind werktags von 9–18 Uhr geöffnet, die Shoppingmalls täglich von 10–22 Uhr, wobei in Gastronomie und Unterhaltungsbetrieben bis mindestens Mitternacht weitergearbeitet wird.

### ANTIQUITÄTEN
**Çukurcuma** ····⟫ S. 114, B 11
Das ist kein Laden, sondern eine Gegend, in der sich auf engem Raum in dem Tal zwischen İstiklâl Caddesi und Sıraselviler Caddesi eine ständig wachsende Zahl von Antiquitätenläden angesiedelt hat: ideal zum Bummeln.
Çukurcuma Cad., Altıpatlar Sok., Ağahamamı Sok.; Tram- und Bushaltestelle Tophane

**Horhor Bit Pazarı** ····⟫ S. 112, A 7
Der »Flohmarkt« von Horhor ist in Wirklichkeit ein fünfstöckiges Gebäude mit insgesamt über 100 Geschäften, die alte und meisterlich nachgebaute Möbel, aber auch Lampen und Sammlerobjekte anbieten.
Kırık Tulumba Sok. 13, Aksaray; Verkehrsknotenpunkt Saraçhane

### BASARE
**Kapalı Çarşı (Gedeckter Basar)**
····⟫ S. 118, C 18/19
Er hat seinen Zauber nicht verloren! Der Gedeckte Basar, auch **Großer Basar** genannt, bleibt das beeindruckendste Einkaufserlebnis der Stadt, so wie er es in den letzten gut 500 Jahren immer war. Am Anfang stand auch hier ein abschließbares Marktgebäude, der **Eski Bedesten** (Alter Basar), heute auch **Cevahir Bedesteni** (Schmuckbasar), den Mehmed der Eroberer 1455 in der Nähe des Alten Palastes erbaute. Um diesen abschließbaren ersten Bau und den bald darauf errichteten **Sandal Bedesteni** herum entstanden Gassen mit Werkstätten der Handwerker, nach Zünften geordnet, und große Karawansereien für Fernhändler (»han«). Mit der Zeit wuchsen die Gebäude zusammen, die Straßen wurden überdacht, der ganze Komplex von Mauern umgeben.

Heute betritt man das Gelände mit seinen gut 3000 Läden, 18 Karawan-

*Moderner Konsumtempel: das Einkaufszentrum Akmerkez in der Nispetiye cad. Ulus.*

*Auf den ersten Blick ähnelt der Gedeckte Basar einem Labyrinth. Bald stellt man jedoch fest, dass alle Straßen und Plätze rechtwinklig angelegt sind.*

seraien, Kaffeehäusern, Moscheen, Brunnen und Banken durch eines der 18 Tore. Den Besucher empfängt ein zunächst nicht recht durchschaubares Gewirr von Gassen und fast immer ein Gewimmel von Menschen, Waren und Sprachen. Denn die Basarhändler beschäftigen Ausrufer und versuchen auch selbst, Kunden zum Besuch des Ladens zu bewegen, jedenfalls in den Teilen des Basars, die auf Touristen ausgerichtet sind. Mehr und mehr verdrängen Juweliere, Lederwaren- und Souvenirhändler die alten traditionellen Branchen, aber noch werden im Großen Basar auch Möbel hergestellt, Hemden genäht und Schuhe geflickt.

Fast ganz verschwunden sind viele Handwerker, deren Produkte von industrieller Massenware erst zu Luxusgütern gemacht und dann verdrängt wurden: Stickereien, Marmorpapier oder Einlegearbeiten sind hier kaum noch zu haben. Dafür haben die Juweliere noch echte wirtschaftliche Bedeutung: Der Goldhandel im Basar ist immer noch ein bedeutender Faktor für den Goldpreis in der Türkei.

Wenn man eine Weile durch die Gassen gebummelt ist, sich an das gedämpftere Licht und die Geräuschkulisse gewöhnt hat, beginnt man sich zurechtzufinden: »Diese Ecke kenne ich doch, gleich da rechts gab es doch diesen netten Laden mit ...« Und dann ist es schon geschehen, man ist in ein Verkaufsgespräch verwickelt, bekommt einen Tee und beginnt zu handeln. Seien Sie sicher, es wird Ihnen nicht gelingen, den Händler übers Ohr zu hauen; aber Sie werden dennoch ganz bestimmt zufrieden sein, wenn Sie sich vorher überlegt haben, welcher Gegenstand Ihnen gefällt und was er Ihnen letztlich persönlich wert ist. Im Grunde ist das Feilschen ein Ritual, und bei Ritualen ist das Ende vorherbestimmt: Sie werden als Eigentümer eines neuen Gegenstandes den Laden verlassen.
**Tramhaltestelle Beyazıt; Mo–Sa 9–18 Uhr**

*Das Handwerk hat hier bisweilen noch goldenen Boden. Der Besenbinder lässt sich bei der Arbeit zuschauen, der Straßenhändler verkauft anschließend seine Produkte.*

### BÜCHER

**Alman Kitapevi (Deutscher Buchladen)** ┈┈> S. 114, A 11
Literatur und gutes Türkeisortiment.
İstiklâl Cad. 481, Beyoğlu; Tramhalte-stelle Tünel

**Eren** ┈┈> S. 114, A 11
Wissenschaftliche Literatur zur Türkei und schöne Bildbände.
Sofyalı Sok. 34, Beyoğlu; Tramhalte-stelle Tünel

**Robinson Crusoe** ┈┈> S. 114, A 11
Fachgeschäft für edle Bildbände und schöne Literatur. Viele englische, aber auch deutsche Publikationen.
Istiklâl Cad. 389, Tünel; Tram- und Tünel-station Tünel

### GESCHENKE

**Atlas Pasajı** ┈┈> S. 114, B 10
Kinopassage an der İstiklâl Cad., vol-ler kleiner Geschäfte mit Kuriositäten.
İstiklâl Cad. 209, Beyoğlu; Tramhalte-stelle Galatasaray

**İstanbul Sanatları Çarşısıı**
┈┈> S. 119, E 19
In der **Kabasakal Medresesi**, einer theologischen Hochschule des 17. Jh.,

untergebrachter Markt von Kunst-handwerkern, die mehr oder weniger traditionelle Gewerbe (Lackarbeiten, Meerschaumschnitzerei, Kalligrafie) ausüben. Nichts im eigentlichen Sinn Antikes, aber meist hohe Qualität und ebensolche Preise.
Yeşil Ev Yanı, Sultanahmet Meydanı; Tram-haltestelle Sultanahmet, Buslinie 210

### KAUFHÄUSER

**Akmerkez** ░░ ┈┈> S. 85, b 3
Gigantisches Einkaufszentrum mit 250 Läden, Restaurants und Kinos, sehr luxuriös.
Nispetiye Cad., Etiler; Bushaltestelle Akmerkez

**Galleria** ░░
┈┈> Umschlagkarte hinten, b 3
Zwischen Jachthafen und Holiday Inn mit Vergnügungszentrum. Neben vie-len Einzelhandelsgeschäften gibt es hier eine Filiale des französischen Kaufhauses Printemps.
Sahilyolu, Ataköy; Deniz Otobüsü-Station Bakırköy

**Olivium** ┈┈> S. 116, südwestl. A 16
Das erste Outlet-Center der Türkei steht draußen vor der Stadtmauer in

Zeytinburnu, einem Viertel mit bemerkenswert großzügigen Krankenhauskomplexen vom Ende des 19. Jh., ziemlich mitgenommener Industrie und Friedhöfen. Die Fahrt lohnt sich trotzdem für den, der Markenartikel etwas günstiger einkaufen will. Wer Lust hat, kann auch noch einen Spaziergang durch einen Teil Istanbuls machen, wie er weniger touristisch gar nicht sein könnte.

**Prof. Dr. Muammer Aksoy Cad. 1/1, Zeytinburnu; erreichbar per Trambahn, Station Zeytinburnu, oder mit dem Vorortzug, Station Kazlıçeşme**

### LEDERWAREN

Lederwaren und -kleidung kann man in Istanbul in jeder Qualität und jeder Preislage erhalten. Der Preisvergleich lohnt sich ganz besonders: In hochmodischen Läden zahlt man annähernd so viel wie in deutschen Fachgeschäften, man hat dort allerdings auch eine besonders große Auswahl.

**Derishow** ⸱⸱⸱⸱> S. 114, nördl. C 9
Hochmodische Lederjacken und Lederkleidung.
**Valikonağı Cad. 85, Nişantaşı; Metrostation Osmanbey**

**Sipahi** ⸱⸱⸱⸱> S. 114, nördl. C 9
Klassische Formen und exzellente Verarbeitung edler Materialien. Lederwaren vor allem für Damen.
**Şair Nigâr Sok., Nişantaşı; Metrostation Osmanbey**

### MODE

**Beymen Mega Store** ⸱⸱⸱⸱> S. 85, b 3
Damen- und Herrenkleidung, Schuhe und Accessoires von gehobener Qualität und eher klassischer Eleganz.
**6 Filialen, eine davon in Akmerkez, Etiler**

**İpekyol** ⸱⸱⸱⸱> S. 114, nördl. C 9
»İpekyol« heißt Seidenstraße, und der Name weckt Gedanken an edle Stoffe und exotische Eleganz. Tatsächlich ist die Mode definitiv tragbar und derart erfolgreich, dass

diese Boutiquenkette auch schon international expandiert hat.
**Rumeli Cad. 24, Osmanbey; Metrostation Osmanbey**

**Mavi Jeans** ⸱⸱⸱⸱> S. 114, B 10
»Mavi« bedeutet »blau«; und diese Jeansmarke ist tatsächlich türkischen Ursprungs. Also gibt es auch in Istanbul diverse Geschäfte, etwa:
**İstiklâl Cad. 117, Beyoğlu; Verkehrsknotenpunkt Taksim**

**Mudo**
Freizeit- und Outdoorkleidung, Leder und Chevignon-Sortiment.
**Rumeli Cad. 58, Nişantaşı; Metrostation Osmanbey** ⸱⸱⸱⸱> S. 114, nördl. C 9
**İstiklâl Cad. 162, Beyoğlu; Verkehrsknotenpunkt Taksim** ⸱⸱⸱⸱> S. 114, B 10

**Vakko** ⸱⸱⸱⸱> S. 114, B 10
Edles Modehaus, schöne Stoffe.
**Kanyon Alişveriş Merkezi Cad. 138–140, Levent; Metrostation Levent**

**Yargıcı** ⸱⸱⸱⸱> S. 114, C9
Erfolgreiche Istanbuler Modemarke.
**Rumeli Cad. 1, Nişantaşı; Metrostation Osmanbey**

**Zeki Triko** ⸱⸱⸱⸱> S. 114, nördl. C 9
Bademoden und Freizeitkleidung für Damen, Top-Qualität.
**Akkavak Sok. Tunaman Çr. 47, Nişantaşı; Metrostation Osmanbey**

### MUSIKKASSETTEN, CDs
**Lale Plak, Kaset, CD** ⸱⸱⸱⸱> S. 114, A 11
Alle Arten von Musik mit einer großen Auswahl an sehr preiswerten türkischen Aufnahmen und Importen aus dem Ausland, die oft noch günstiger sind als in Deutschland. Fachkundige und freundliche Beratung.
**Galip Dede Cad. 1, Tramhaltestelle Tünel**

### PORZELLAN, KERAMIK UND GLAS
**Kütahya Porselen**
⸱⸱⸱⸱> S. 114, nördl. C 9
Porzellan aus Kütahya hat Tradition; diese Firma entwickelt sie weiter.

*An der Galip Dede Caddesi in Galata (→ S. 74) liegen viele Musikalienhandlungen. Hier kann man etwa die typische Bağlama, ein orientalisches Saiteninstrument, erwerben.*

Metrocity Shopping Mall, Levent;
Tel. 02 12/3 44 00 77

### Paşabahçe ----⟩ S. 114, B 11
Sie suchen ein typisch türkisches Mitbringsel? Warum nicht ein Produkt der Glasmacher von Paşabahçe, mit einem guten Preis-Leistungs-Verhältnis. Viele Geschäfte, etwa:
İstiklâl Cad. 314, Tünel; Tramhaltestelle Galatasaray

### Selvi Ticaret ve Sanayi Şirketi
----⟩ S. 118, C 18/19
Traditionelle Keramik, Vertreter der Manufaktur Altın Çini in Kütahya.
Yağlıkçılar Sok. 54, Kapalı Çarşı; Tramhaltestelle Bayazıt

### SCHMUCK
Schmuck ist in der Türkei wie in vielen Regionen der islamischen Welt primär eine Geldanlage. Deswegen ist v.a. Goldschmuck meistens nicht sonderlich originell und gut verarbeitet. Es wird noch das alte Karat-Maß verwendet: Es gibt 24 »ayarlı« (massives Gold), 22, 20 und 18 »ayarlı«. Da der Goldpreis häufig heftigen Schwankungen unterliegt, kann es sich lohnen zuzugreifen, wenn Börse und Dollar gerade im Aufwind liegen.

### Urart ----⟩ S. 114, nördl. C 9
Schmuck und Accessoires, die meist nach altanatolischen Vorbildern elegant gestylt wurden. Angeschlossene Kunstgalerie.
Abdi İpekçi Cad. 18/1, Nişantaşı; Metrostation Osmanbey

### SCHUHE
### Divaresse ----⟩ S. 114, nördl. C 9
Italienisches Design – schließlich globalisiert sich auch Istanbul.
Rumeli Cad. 81, Nişantaşı; Metrostation Osmanbey

### Picasso ----⟩ S. 114, B 10
Schuhe und Taschen aus hauseigener Produktion. Der kleine Laden bietet ein überraschend großes Sortiment.
İstiklâl Cad. 120/4, Beyoğlu; Tramhaltestelle Galatasaray

## STOFFE

**İpek** ┄┄⟫ S. 114, B 10
Schals, Seiden- und Wollstoffe, große
Auswahl an Mustern.
İstiklâl Cad. 230, Beyoğlu; Tramhalte-
stelle Galatasaray

## TEPPICHE

Es muss nicht unbedingt ein Teppich
sein – aber natürlich bleiben diese das
wichtigste traditionelle Souvenir. Der
Preis berechnet sich nach dem Alter
des Objekts und der Dichte der Knoten (bei einem »halı« – Knüpfteppich)
bzw. des Gewebes (bei einem »kilim«
– Webteppich) sowie nach dem Mate-
rial: Beimischungen von Baumwolle
und gar Synthetik machen den Teppich preisgünstig, Naturfarben erhö-
hen seinen Wert. Ein »halı« hat pro
Quadratzentimeter zwischen 500 und
etwa 10 000 Knoten, wie etwa Seiden-
teppiche der Spitzenqualität, gute
Handelsware über 1000. Teppichmo-
tive gibt es zahllose. Das Bild einer
Nische oder eines Bogens macht einen Teppich besonders geeignet als
Gebetsunterlage, ausgerichtet nach
Mekka. Das Verkaufsgespräch mit einem guten Händler hinterlässt den
Kunden immer klüger, weil er viel über
die Ware erfährt, die er erwirbt. Wer

sich von einem Reiseleiter in ein Tep-
pich- oder Souvenirgeschäft bringen
lässt, muss damit rechnen, dass auf
den Preis eine Kommission aufgeschla-
gen wird, von der er nichts erfährt.

Die kleineren Teppichgeschäfte
haben oft sehr viel mehr Charme als
die glänzenden, mehrstöckigen Spe-
zialkaufhäuser wie z. B. **Bazaar 54**
(┄┄⟫ S. 119, D 19) in der Nuruosmaniye
Cad. 54, Cağaloğlu, und seine Nach-
ahmer in der unmittelbaren Nachbarschaft. Schöne Teppichgeschäfte findet man im Großen Basar und im
Arasta Çarşısı hinter der Sultan-Ahmed-Moschee.

## ZEITUNGEN UND ZEITSCHRIFTEN

Stände mit internationalen Magazi-
nen, Zeitungen und Zeitschriften (in
aller Regel erhältlich am Abend des
Erscheinungstages) befinden sich in
großen Hotels und an Verkehrsknotenpunkten, am besten am Taksim
vor dem Süt-İş.

**Dünya Bookstore** ┄┄⟫ S. 85, b 3
Zahlreiche Niederlassungen, ansehn-
liche Auswahl an internationalen Zeit-
schriften.
Cevdetpaşa Cad. 232/1, Bebek;
Buslinie 210

*Ein Teppichhändler im Gedeckten Basar (→ S. 24) wartet auf Kundschaft.*

# Am Abend

Istanbul schläft nie: Wer die Musik liebt, ob türkisch oder international, wird kaum zur Ruhe kommen.

*Gefüllt bis auf den letzten Platz, die Stimmung brodelt – in der Kellerbar Roxy (→ MERIAN-Tipp, S. 32) steht regelmäßig Livemusik auf dem Programm.*

stanbuls Nachtleben ist so, wie es sich für eine Weltstadt gehört: bunt und unübersichtlich. Und, ganz überwiegend, überraschend ungefährlich sowie verhältnismäßig erschwinglich. Dabei spielt der Bauchtanz, den viele mit der Türkei verbinden, kaum eine Rolle. Der ist, wenn er gekonnt vorgetragen wird, wunderbar. Deshalb ist die Verachtung, mit der viele Türken den von ihnen als fremd empfundenen und »oryantal« genannten Tanz behandeln, nicht recht nachvollziehbar. Gezeigt wird er dennoch vor allem Touristen und in den Musiklokalen, die man »gazino« nennt – manchmal rechte Provinzlerfallen mit Animierdamen und garantierter Abzocke.

Theater dürften aus sprachlichen Gründen für die meisten Touristen ausfallen, aber Opern und Konzerte, zu denen im Sommer noch Freiluftveranstaltungen kommen, machen dieses Manko wett. Operninszenierungen sind solide, das musikalische Niveau nicht Spitzenklasse, aber zumindest akzeptabel, die Konzerte häufig hervorragend. Außerdem spielen die Istanbuler Kinos meistens amerikanische Filme, die prinzipiell als Original mit Untertitel gezeigt werden. Dazu kommen Retrospektiven nichtkommerzieller Anbieter, die ebenfalls in der Originalsprache laufen.

Es gibt kein vollständiges Programmheft für kulturelle Veranstaltungen in der Stadt, auch kein vollständiges Kinoprogramm. Die besten Veranstaltungsinformationen enthält das monatlich auf Englisch erscheinende »Time Out İstanbul«, das bei gut sortierten Zeitschriftenhändlern zu haben ist.

Nach dem Konzert oder einem gediegenen Abendessen bietet Istanbul eine Vielzahl an Bars, Diskotheken und Nachtclubs sowie bis lange nach Mitternacht die Flaniermeile İstiklâl Caddesi. Natürlich hat auch jedes Hotel seine Bar; und tatsächlich

## MERIAN-Tipp

### ⭐ Babylon

Das 1999 gegründete Babylon wurde schon unter die 100 besten Jazzbühnen gewählt, aber seine Karriere geht weiter: Auch Tanz, Avantgardemusik, Performances werden hier aufgeführt. Bis zu 500 Zuschauer und Zuhörer passen in das Babylon und erleben Istanbul als Weltstadt und Treffpunkt großartiger Musiker: John Lurie stand hier schon auf der Bühne, ebenso Mercan Dede und Wax Poetic, Patricia Barber oder Stereolab.

Şehbender Sok. 3, Asmalımescit; Tramhaltestelle Tünel; www.babylon-ist.com; Tel. 2 92 73 68; tgl. 21–2 Uhr
····⟶ S. 114, A 11

finden sich einige der schönsten Bars der Stadt in großen Hotels, vor allem weil sie oft einen wunderbaren Panoramablick bieten. Livemusik und ein meist niedrigeres Preisniveau zeichnen dagegen die kleineren Bars und Kneipen in der Nähe der İstiklâl Caddesi und am Bosporus aus. Sie sind meist sehr viel charakteristischer als die der Hotels, und die Gäste sind entsprechend bunter.

An der Rezeption und in der Tagespresse erhält man Auskunft über eine besondere Attraktion der Stadt: die großen Freiluftkonzerte. Den Sommer über finden sie im Park von Gülhane unterhalb des Topkapı-Palastes, in der Burg Rumeli Hisarı und im Freilufttheater (Açık Hava Tiyatrosu) in Maçka unterhalb des Sheraton-Hotels statt. Die Konzerte im Gülhane-Park (oft freier Eintritt) sind am volkstümlichsten, das Gedränge ist groß, und das Programm besteht aus türkischer Popmusik oder den »arabesk« genannten Schlagern.

Die Stars der türkischen U-, aber auch der E-Musik bevorzugen für ihre großen Konzerte eher die Bühne von Rumeli Hisarı. Am seriösesten ist das

## MERIAN-Tipp

### 8 Roxy

Im Roxy spielt jeden Tag eine andere Musik auf; das Spektrum reicht von Soft Rock über Funk und House zu Industrial Sound. Wer als DJ einen Namen in der Türkei hat, hat hier fast sicher einmal Platten aufgelegt. Livekonzerte bringen Musiker aus der Türkei und dem Ausland auf die Bühne. 750 Leute haben Platz, und die Nacht ist lang!

Aslanyatağı Sok. 3–4, Taksim; Verkehrsknotenpunkt Taksim; Mi–So 20–4 Uhr; Eintritt 5,50 € bzw. 8 € (Wochenende); www.roxy.com.tr ····⟩ S. 114, C 10

Açık Hava Tiyatrosu, in dem viele Gastspiele und Kulturfestivals stattfinden. Einen guten Überblick über die wichtigsten Veranstaltungen bietet der Kartenhändler Biletix, über dessen Website man auch reservieren kann: www.biletix.com.

### BARS UND KNEIPEN

#### Cambaz ····⟩ S. 114, C 10
Verschieden gestaltete Stockwerke im Altbau mit hohen Decken – Räume, die Platz für urbane Begegnungen bieten.
İmam Adnan Sok. 25, Beyoğlu; Verkehrsknotenpunkt Taksim; tgl. 9.30–5.30 Uhr

#### Eski Beyrut ····⟩ S. 114, C 10
Einfache Disco-Kneipe im zweiten Stock, aber die Musik bringt's: Acid Jazz, Funk, Neo-Funk, Trip-Hop, Drum'n Bass und sogar arabischer Pop!
İmam Adnan Sok.28, Beyoğlu; Verkehrsknotenpunkt Taksim; tgl. 17–2 Uhr

#### Jazz Café ····⟩ S. 114, B 10
Im Oberstock der kleinen, in Holzdekor gehaltenen Bar spielen besonders an Wochenenden Stars der türkischen Jazz- und Independent-Musikszene.
Hasnun Galip Sok. 20, Beyoğlu; Tel. 02 12/2 45 05 16; Mi–So 16–4 Uhr, Musik ab 22 Uhr; Eintritt 10–20 €

#### Kafika ····⟩ S. 114, C 10
Schon vier Personen können sich mit einem der mehr als 400 Filme auf DVD hier einen eigenen Kinonachmittag oder -abend leisten. Für all die anderen ist das Kafika einfach ein nettes Café.
Bolahenk Sok. 8, Cihangir; Tel. 02 12/2 44 51 67 (Reservation für Filme); Verkehrsknotenpunkt Taksim; tgl. 10–24 Uhr

#### Kaktüs ····⟩ S. 114, C 10
An der Grenze zwischen Café und Bar. Keine Livemusik, aber wohlschmeckende leichte Mahlzeiten der europäischen Küche und gute Kuchen. Im Sommer einige Tische im Freien.
İmam Adnan Sok. 4, Beyoğlu; Verkehrsknotenpunkt Taksim; tgl. 10–2 Uhr

#### Nardis Jazz Club ····⟩ S. 113, E 8
Kleiner Club im Viertel um den Galataturm, Musiker aus der Türkei und dem Ausland.
Kuledibi Sok. 14, Galata; obere Station des Tünel; tgl. außer So; Tel. 02 12/2 44 63 27; www.nardisjazz.com.

#### Peyote ····⟩ S. 114, B 10
Rockbar gleich am Fischmarkt von Beyoğlu, Livemusik und DJ-Performances. Auch internationale Gruppen treten auf.
Kalyoncukulluk Cad. 42, Beyoğlu; Tel. 02 12/2 51 43 98; Mi–So 18–4 Uhr, Musik ab 22 Uhr; Eintritt 10–20 €

### DISKOTHEKEN

#### Andon ····⟩ S. 114, C 10
Im »Anton« gleich beim Taksim-Platz kann man einen Kneipenbummel machen, ohne das Haus zu verlassen: Es beginnt mit der Disco im Erdgeschoss, darüber befindet sich das Weinhaus mit sephardischer oder Latino-Musik, dann folgt die Musikbar, das Restaurant mit türkischer Musik und die Dachterrasse.
Sıraselviler Cad. 89/2, Taksim; Verkehrsknotenpunkt Taksim; tgl. 10.30–23 (Café), 18–2 (Bar), 21.30–2 Uhr (Dancing)

**Reina**   ┈┈┊> S. 85, b 3
Einer der »heißesten« Plätze der Stadt.
Disco, neun Bars und Restaurants.
Muallim Naci Cad. 120, Ortaköy; Bus- und
Dampferanlegestelle Ortaköy; tgl. 17–4 Uhr

### KINOS
Natürlich hat jeder bessere Stadtteil
in Istanbul mindestens ein Kino. Hier
einige der schönsten Kinos:

**Alkazar Sineması,**
**Avrupa Sineması**   ┈┈┊> S. 114, B 10
Meist europäische Filme, angeschlos-
sen ist eine schöne Bar.
İstiklâl Cad. 179, Beyoğlu; Verkehrs-
knotenpunkt Taksim

**Beyoğlu/Pera**   ┈┈┊> S. 114, B 10
Programmkino nahe der Çiçek Pasajı.
İstiklâl Cad. 98; Tramhaltestelle
Galatasaray

**Emek Sineması**   ┈┈┊> S. 114, B 10
Größter Kinosaal der Stadt, ein Para-
dies in Stuck.
Yeşilcam Sok. 5, Beyoğlu; Verkehrsknotenpunkt Taksim

**Majestik Sinemaları**   ┈┈┊> S. 114, C 10
Fünf Kinos, gute amerikanische und
europäische Filme.

Anadolu Geçidi Sok.; Beyoğlu; Verkehrsknotenpunkt Taksim

### KONZERTE UND OPER
**Atatürk Kültür Merkezi**
┈┈┊> S. 114, D 10
Oper und Konzerte.
Taksim Mey., Taksim; Verkehrsknoten-
punkt Taksim; Tel. 0212/2 51 56 00

**Cemal Reşit Rey Konser Salonu**
┈┈┊> S. 115, nördl. D 9
Der Konzertsalon bietet ein vielfäl-
tiges Gastspielprogramm.
Taşkışla Cad., Harbiye; Bushaltestelle
Harbiye; Tel. 02 12/2 31 54 97-98

### KULTURZENTREN
**Alman Kültür Merkezi (Niederlas-
sung des Goethe-Instituts)**
┈┈┊> S. 114, B 10
Yeniçarşi Cad. 52, 80050 Galatasaray;
Tramhaltestelle Galatasaray; Tel.
02 12/2 49 20 09

**Österreichisches Kulturforum
Istanbul**   ┈┈┊> S. 115, nordöstl. F 9
Veranstaltet regelmäßig Ausstellun-
gen und Konzerte.
Palais Yenikoy, Köybaşı Cad. 44, Yenikoy;
Dampferanlegestelle und Bushaltestelle
Yeniköy; Tel. 02 12/2 23 78 43

*Heiß her geht es auch unter freiem Himmel, wie hier in der Diskothek Reina.*

# Feste und Events

Istanbul ist die kulturelle Metropole: Künstler aus aller Welt treffen sich zu Festen und Festivals.

*Istanbul ist in den letzten Jahren zu einer bedeutenden Adresse für Jazzfreunde aufge-stiegen. Nicht selten gastieren auch internationale Stars in der Stadt.*

Auf Griechisch wird Istanbul immer noch einfach »die Stadt« genannt, so als gäbe es keine zweite neben ihr. Und nach einem jahrzehntelangen Dornröschenschlaf erwacht Istanbul tatsächlich und wird wieder zu der Metropole, die sie einmal war: dem wirtschaftlichen, demographischen und kulturellen Schwerpunkt des östlichen Mittelmeers.

Geschichte ist da nichts Vergangenes, sondern etwas, das weiterwirkt. Das merkt die Kultur schneller als andere Lebensbereiche. 1973 gründete Nejat Eczacıbaşı, ein hochgebildeter, enthusiastischer Industrieller, die »Istanbuler Stiftung für Kunst und Kultur«, die das organisieren sollte, was es in der Stadt noch nicht gab: ein internationales Kulturfestival.

Was woanders auch mit viel mehr Geld und massiver staatlicher Unterstützung nicht funktioniert hätte, gelang dieser kleinen Stiftung in Istanbul im Laufe einer Generation geradezu wunderbar: Das Istanbul-Festival wurde zum Motor einer kulturellen Entwicklung. Inzwischen kommen auch ganz selbstverständlich die Berliner oder die New Yorker Philharmoniker, Nigel Kennedy oder Montserrat Caballé nach Istanbul, um im Rahmen des Sommerfestivals aufzutreten.

Wichtig dabei: Das Festival richtet sich zunächst an die Stadt und ihre Bewohner selbst, nicht primär, wie in Salzburg oder Verona, an auswärtige Besucher. Und Istanbul war empfänglich. Neue Räumlichkeiten für Konzerte wurden geschaffen, die nicht nur zu Zeiten des Festivals als Aufführungsort genutzt werden, etwa die byzantinische Irenenkirche. Schon 1984 wurden die Filmvorführungen als ein eigenes Festival ausgegliedert. Das so entstandene Istanbuler Film-Festival mit seinem Preis, der »Goldenen Tulpe«, zählt heute zu den wichtigsten europäischen Treffen seiner Art, vielleicht nicht so bedeutend wie Cannes, Berlin oder Venedig, aber sicher in einer Reihe mit Karlsbad stehend. Und die Besucherzahlen des Film-Festivals im April übersteigen die der Festival-Mutter bei weitem.

Im Jahr 1989 wurde das Istanbul-Festival endgültig zu einem Musik-Fest, weil auch für die Theater nun ein eigener Rahmen, das im Mai stattfindende Theaterfestival, geschaffen wurde. 1994 folgte das Jazz-Programm, das nun zur Jahresmitte sein eigenes Festival bekam.

Und um diese Zeit herum begannen sich auch andere spezialisierte, aber internationale Festivals zu organisieren. Eine große Brauerei initiierte ein Blues-Festival, eine Bank ein Jazztreffen, eine andere ein Nachwuchsfestival. Mit all diesen Veranstaltungen zeigt Istanbul, dass es der richtige Platz für einen kulturellen Austausch ist, eine europäische Metropole, in der türkische und internationale Künstler fruchtbar und selbstverständlich miteinander im Dialog stehen. Besonders deutlich wird das bei dem letzten der Festivals, das die »Istanbuler Stiftung für Kunst und Kultur« organisiert, der Istanbuler Biennale. Meist in historischen Gebäuden, aber auch in öffentlichen Räumlichkeiten findet moderne Kunst ihren Platz mitten in der Stadt, setzt sich mit ihr auseinander.

Eintrittskarten zu den meisten wichtigeren Kulturveranstaltungen erhält man bei Biletix, mit verschiedenen Verkaufsstellen und der Website www.biletix.com. Die »Istanbuler Stiftung für Kunst und Kultur« unterhält ihre Website mit einschlägigen Informationen (zum guten Teil auch auf Englisch) unter www.ist-fest.org. Über die Kulturmessen des Messeveranstalters TÜYAP in Beylikdüzü informieren dessen Websites www.tuyap.com sowie www.tuyap.com.tr.

### JANUAR

**CRR International Guitar Festival**

Gitarrenfestival des städtischen Konzertsaals. Etwa eine Hälfte der Künstler sind Türken, die andere Hälfte internationale Gäste.

Cemal Reşit Rey Konser Salonu; Tel. 02 12/2 31 54 98

### FEBRUAR

**!f İstanbul**

Festival unabhängiger Filme, mit Kurzfilmwettbewerb, organisiert von der Kinokette AFM. Zahlreiche internationale Beiträge.

AFM Sinemaları, İstiklâl Cad. No 24–26, Beyoğlu; Tel. 02 12/2 92 11 11

### APRIL

**Uluslararası İstanbul Sinema Festivalı**

Das Filmfestival lockt mit seiner »Goldenen Tulpe« zwar meist keine wichtigen Wettbewerbsfilme an, aber das Rahmenprogramm ist großartig.

Vorverkauf im Atatürk Kültür Merkezi am Taksim; Tel. 02 12/2 51 56 00

### MAI

**Gençlik Günleri (Jugendtage)**

Den ganzen Mai über dauert dieses Jugendfestival, in dessen Rahmen auch Filme gezeigt und Konzerte gegeben werden. Viele Veranstaltungen finden tagsüber und am frühen Abend in den städtischen Bühnen in Harbiye und Kadıköy statt.

İstanbul Şehir Tiyatroları Muhsin Ertuğrul Sahnesi; Taşkışla Cad., Harbiye; Tel. 02 12/2 40 77 20

**Uluslararası İstanbul Tiyatro Festivalı (Internationales Theaterfestival)**

Ein Theatertreffen türkischer und internationaler Theater. Auch Theaterfreunde, die kein Türkisch können, kommen hier auf ihre Kosten. Verschiedene Bühnen in der ganzen Stadt werden genutzt.

Karten und Programm bei: İstanbul Devlet Tiyatrosu Taksim Sahnesi; Sıraselviler Cad., Taksim; Tel. 02 12/2 49 69 44

### JUNI/JULI

**Uluslararası İstanbul Müzik Festivalı**

Das Internationale Musikfestival Istanbuls bestimmt vier Sommerwochen lang die kulturelle Agenda der Stadt. Klassische und avantgardistische Musik und Musiktheater stehen auf dem Programm, Weltstars kommen, und die besten türkischen Musiker nehmen teil. Besonders schön: Die Aufführungen finden zum Teil in historischen Gebäuden wie der

*Auch die traditionelle Volksmusik – gespielt etwa auf der »Zurna« und begleitet von Trommeln – kommt bei Istanbuler Festen nicht zu kurz.*

Irenenkirche statt. Die Karten für Konzerte allererster Qualität sind für erschwingliche Preise zu haben.
**Vorverkauf: Atatürk Kültür Merkezi; Taksim Mey., Taksim; Tel. 02 12/2 51 56 00**

### Juli
## Uluslararası İstanbul Caz Festivalı
1994 löste sich das Jazzfestival zum ersten Mal aus dem Rahmen des Musikfestivals und bot großartige Freiluftkonzerte mit Weltstars und Künstlern, die es wohl bald sein werden. Die Karten sind für türkische Verhältnisse nicht billig, aber erschwinglich.
**Vorverkauf: Atatürk Kültür Merkezi; Taksim Mey., Taksim; Tel. 02 12/2 51 56 00**

### September
## TÜYAP İstanbul Sanat Fuarı
Diese internationale, aber von türkischen Galerien geprägte Kunstmesse findet Mitte September statt und bietet die beste Gelegenheit, sich einen Überblick über den türkischen Kunstmarkt zu verschaffen.
**TÜYAP Fuar Merkezi; Beylikdüzü**

## Biennale İstanbul
Dieses alle zwei Jahre zwischen September und November stattfindende Treffen avantgardistischer Künstler wurde 2007 bereits zum zehnten Mal veranstaltet. Die eingeladenen Künstler setzen sich mit einem vorgegebenen Thema auseinander und stellen ihre Werke in Bauwerken der Weltarchitektur aus: der Irenenkirche, der Yerebatan-Zisterne und im Leanderturm.
**İstanbul Kültür ve Sanat Vakfı; Tel. 02 12/3 34 07 00**

### Oktober
## Akbank Caz Festivalı
Seit rund eineinhalb Jahrzehnten gibt es dieses Festival. Konzerte wirklich erstrangiger Musiker (2003 u. a. Carla Bley und John Zorn) an verschiedenen Stellen der Stadt, teils auch in historischen Gebäuden.
**www.akbanksanat.com/jazz_festival/about.asp**

## filmekimi
Retrospektiv-Festival der Stiftung für Kultur und Kunst, sozusagen der »kleine Bruder« des Festivals im Frühling.

### November
## International Meeting of Cinema and History
Jährliches Festival des politischen und historischen Films. Länderprogramme und Retrospektiven, meist Schwerpunkt auf europäischen Filmen.
**Information über die türkische Stiftung für cineastische Kultur: www.tursak.org.tr**

## İstanbul Kitap Fuarı
Zur Buchmesse, an der auch Verlage mit fremdsprachiger Produktion teilnehmen, gehört ein internationales Rahmenprogramm. Die Hallen sind oft sehr voll, aber ein Bummel lohnt sich, schon wegen der Bildbände, die man (meist ermäßigt) mitnehmen kann.
**TÜYAP Fuar Merkezi; Beylikdüzü; Direktbusse vom Taksim-Platz sowie von Beşiktaş und Eminönü**

### Dezember
## Efes Blues Festivalı
Ein Festival, das über Istanbuls Grenzen hinausgeht: Das Programm umfasst Konzerte weltbekannter Blues-Interpreten in zahlreichen Städten der Türkei und Russlands.
**Brauerei Efes Pilsen; www.efespilsen.com.tr**

## International Festival of Mystical Music
Konzerte von Gospel bis zu Mevlevi (Tanzende Derwische), von Ragas bis zu Gregorianik.
**Cemal Reşit Rey Konser Salonu; Tel. 02 12/2 31 54 98**

## Akdeniz Çağdaş Müzik Günleri
Die »Tage zeitgenössischer Musik des Mittelmeers« sind ein kleines Festival mit Künstlern aus Spanien, Italien, Griechenland und der Türkei.
**Cemal Reşit Rey Konser Salonu; Tel. 02 12/2 31 54 98**

# Familientipps – Hits für Kids

## Dampferfahrten, Miniaturmoscheen und Park-anlagen: Für Kinderspaß ist gut gesorgt!

*Absolutes Highlight nicht nur bei den Kids: eine Dampferfahrt auf dem Bosporus –
vorbei am quirligen Istanbul, an alten Holzvillen und Moscheen.*

Istanbul ist zwar eine Stadt voller Kinder, dennoch wenig kindgerecht. Aber auch hier gibt es für die Kleinen viel zu entdecken. Wo sonst kann man noch Schmieden, Schreinern, Metzgern bei der Arbeit zusehen, Fischer beim Ausnehmen der Fische beobachten und zwischen zwei Stadtteilen mit dem Dampfer fahren?

Zwar gibt es wenig Spielplätze und Grünflächen, auch Museumspädagogik (außer im İstanbul Modern und dem Archäologischen Museum) ist kaum bekannt. Groß geschrieben aber wird Kinderfreundlichkeit! Nicht wundern sollte man sich, wenn Kinder von Fremden liebevoll in die Wange gekniffen oder auf die Stirn geküsst werden. In vielen Hotels gibt es Kinderermäßigungen.

### FREIZEITPARKS
**Gülhane Parkı**  ⸱⸱⸱⸱⸱⸱⸳▸ S. 119, E 18
Bis Anfang des 20. Jh. ein Palastgarten, jetzt Ausflugsziel Nr. 1. Schnell erreichbar vom Archäologischen Museum: der kleinen Straße folgen (durch das bunte Tor von Alemdar Caddesi). Es gibt Cafés, ein Freilufttheater und manchmal einen Jahrmarkt. Der Park wurde 2003 komplett umgebaut.
**Tramhaltestelle Gülhane**

### MUSEEN
**Deniz Müzesi**  ⸱⸱⸱⸱⸱⸳▸ S. 115, östl. F 9
Für Kinder sind v. a. die alten Originalboote attraktiv (→ S. 64).
**Eintritt 1 €, Kinder 0,50 €**

**Enerji Müzesi**  ⸱⸱⸱⸱⸱⸳▸ S. 111, nördl. E 1
Das alte E-Werk der Stadt: Die Turbinen und der Steuerraum sind noch erhalten. Interaktive Animationen erklären, wie der Strom in die Dose kommt.
**Sütlüce; Bushaltestelle Elektrik Fabrikası; Di–So 10–22 Uhr; Eintritt frei**

**Rahmi M. Koç Teknik Müzesi**
⸱⸱⸱⸱⸱⸳▸ S. 112, B 6
Echte Dampfmaschinen und eine alte Trambahn, die Kommandobrücke eines Dampfers und natürlich Autos. Das Technikmuseum ist in osmanischen Industriegebäuden untergebracht.
**Hasköy Cad. 27, Sütlüce; Bushaltestelle Tersane/Koç Müzesi; Di–So 9–17 Uhr; Eintritt 3 €, Kinder 1,20 €**

### Şişli Belediyesi Bilim Merkezi
⸱⸱⸱⸱⸱⸳▸ S. 114, nördl. C 9
Zentrum, in dem Kinder und Jugendliche interaktiv naturwissenschaftliche Experimente durchführen können. Auch Workshops und Ausstellungen!
**Öğretmen Hakkı Yeten Cad., Polat Towers yanı, Fulya; Metrostation Şişli; tgl. 10–18 Uhr; Eintritt 1,70 €**

### VERGNÜGUNGSZENTREN
**Fatih Çocuk Park Ormanı**
⸱⸱⸱⸱⸱⸳▸ S. 85, b 2
Nördlich des neuen Bürohochhausviertels Maslak liegt der Belgrader Wald und in ihm der Kinderpark mit Schwimmbad, Kursen und Spielgruppen für verschiedene Altersstufen.
**Maslak Cad., Maslak; Minibus Taksim-Sariyer; Eintritt 15 € (Ermäßigungen)**

**Miniatürk**  ⸱⸱⸱⸱⸱⸳▸ S. 111, nördl. E 1
Historischer Park mit gut 100 Modellen der wichtigsten Bauwerke Istanbuls, Anatoliens und des Osmanischen Reiches. So lässt sich der Artemistempel von Ephesus oder die Brücke von Mostar in Miniaturgröße bewundern: historisches Disneyland mit Liebe zum Detail – ein großer Spaß.
**Imrahor Cad., Sütlüce; Bushaltestelle Miniatürk; tgl. 10–18 Uhr; Eintritt 3 €, Kinder 1 €**

### Strandleben in der Stadt
⸱⸱⸱⸱⸱⸳▸ S. 119, nordöstl. F 17
Man kann wieder baden in Istanbuls Meeren, und in den Strandbädern kann man Liegen mieten. Größere Strände bedinden sich in Caddebostan hinter Kadıköy und in Florya – am schönsten aber ist der Strand in Küçüksu gegenüber Rumeli Hisarı am anatolischen Bosporusufer.
**Küçüksu; Bus- und Schiffsstation; Juli–Sept. tgl. 10–20 Uhr; Eintritt 1 €**

# Unterwegs in Istanbul

*Der Sultanahmet Park zwischen Hagia Sophia (→ S. 45) und der Blauen Moschee (→ S. 54). Hier befand sich einst das historische Zentrum der Stadt.*

Istanbul war über Jahrtausende hinweg Hauptstadt mehrerer Großreiche. Es braucht Zeit, die Metropole am Bosporus zu entdecken und ihre reiche Vergangenheit und kulturelle Vielfalt zu genießen!

# Sehenswertes

Zwischen Hagia Sophia und Blauer Moschee gibt es so viel zu sehen und zu entdecken!

*Die Hagia Sophia (→ S. 45), die »Kirche der göttlichen Weisheit«, wurde im Jahr 537 durch Justinian geweiht. Sie war jahrhundertelang die Krönungskirche der oströmischen Kaiser.*

Wo sich politische Macht konzentriert, wird prächtig gebaut. Wenn eine Stadt mehr als 1500 Jahre Hauptstadt verschiedener Kaiserreiche war, ist es fast unmöglich, alles zu sehen. An dieser Stelle kann daher nur eine Auswahl der Sehenswürdigkeiten näher beschrieben werden.

Natürlich fehlen die wohl berühmtesten nicht, die **Hagia Sophia**, der **Topkapı-Palast** und die **Sultan Ahmed Camii**, die **Blaue Moschee**. Aus römischer Zeit dagegen sind nur wenige Bauten genannt, ganz einfach weil sie zumeist umgebaut, abgerissen oder abgebrannt und nur noch in Resten vorhanden sind. Aus byzantinischer Zeit dagegen stehen bis heute zahlreiche **Kirchen**, die allerdings oft zwischenzeitlich in Moscheen umgewandelt wurden. Im folgenden Kapitel sind vor allem **Paläste** und **Moscheen** beschrieben; Basare, Wohnbauten und Werkstätten finden Sie unter den Einkaufstipps und bei den Spaziergängen durch die Stadt.

Ein Jahrhundert bleibt fast unberücksichtigt: das zwanzigste. Seit dem Ersten Weltkrieg ist (bis auf die großen Brücken) kaum ein ästhetisch befriedigendes Bauwerk gelungen, das den Besucher interessierte. Von den hunderten neuer Moscheen kann keine neben den osmanischen bestehen, gerade weil sie so oft die Bauten des großen Architekten des 16. Jh., Sinan, zu kopieren versuchen.

Moscheen sind frei zugänglich. Kleidung, die die Beine freilässt, ist jedoch unerwünscht; Frauen müssen außerdem Kopf und Schultern bedecken. Am Eingang mancher größeren Moscheen werden auch Tücher bereit gehalten, mit denen man sich bedecken kann (Trinkgeld). Die Schuhe werden am Eingang ausgezogen, wer barfuß in Sandalen durch Istanbul läuft, sollte sich vor dem Besuch die Füße säubern. In großen Moscheen sind Touristen während der Gebete unerwünscht, in kleineren dagegen als stille Zuhörer im Hintergrund geduldet.

## Ahmed III. Çeşmesi
### (Brunnen Ahmeds III.) ····⟩ S. 119, E 19

1729 fertiggestelltes Brunnenhaus direkt vor dem Topkapı-Palast, ein reich dekoriertes Werk der lebensfreudigen und eleganten Tulpenzeit. Der Datumsvers (herrliche Kalligrafie) stammt vom Sultan selbst, der ähnliche Brunnen in Üsküdar und am Goldenen Horn erbaute.

Topkapı Sarayı Önü, Sultanahmet; Tramhaltestelle Sultanahmet, Buslinie 210

## Arap Camii (Arabermoschee)
····⟩ S. 113, E 8

Die ehemalige Dominikanerkirche des heiligen Paul (später wurde auch Dominikus zum Patron der Kirche) aus dem 14. Jh. ist der einzige gotische Sakralbau der Stadt. 1475 zur Moschee umgewandelt, bildete sich Ende des Jahrhunderts eine Gemeinde von muslimischen Flüchtlingen aus Spanien (deshalb der Name »Arabermoschee«). Später entstand die Legende, die Moschee ginge auf eine Stiftung der arabischen Heere zurück, die im Jahr 716/717 Konstantinopel belagerten, und noch Anfang des 20. Jh. »entdeckte« man auf diesem Gelände das Grab Arap Babas, der als Heiliger verehrt wurde.

Perşembepazarı, Galata Mahkemesi Sok.; Buslinie 212

## At Meydanı (Hippodrom)
····⟩ S. 119, D 19

Das römisch-byzantinische Hippodrom ist einer der historisch wichtigsten Straßenplätze der Stadt; Schauplatz ungezählter Festakte, Demonstrationen und Aufstände. Auch wenn die Tribünen bis auf einige Reste verschwunden sind, geben die Maße des Platzes bis heute das Oval wieder, auf dem die Wagenrennen und in osmanischer Zeit das Reiterspiel »cirit« veranstaltet wurden. Die Randbebau-

*Der fast 20 Meter hohe Ägyptische Obelisk am Hippodrom (→ S. 43) wurde im 4. Jahrhundert aus Theben in die Stadt gebracht.*

ung (Sultan-Ahmet-Moschee, der fast italienisch wirkende İbrahim-Paşa-Palast von 1524, die Firuz-Ağa-Moschee von 1491 und orientalisierende Bauten vom Anfang des 20. Jh.) allerdings ist osmanisch.

Ein bedeutendes Kunstwerk des Platzes, die römische Wagenquadriga, schmückt heute die Fassade des Markusdoms in Venedig. Immer noch wichtig genug ist das, was sich erhalten hat: entlang der Hauptachse des Platzes beispielsweise der **Gemauerte Obelisk**, im 4. Jh. errichtet und zwischenzeitlich mit jetzt verlorenen Bronzeplatten verkleidet, der untere Teil der aus dem Orakel von Delphi hierher gebrachten **Schlangensäule** (einer der Köpfe ist im Archäologischen Museum zu sehen) und der **Ägyptische Obelisk**, zwei Drittel eines Obelisks aus der Zeit von Pharao Thutmosis III. (16. Jh. v. Chr.), den Kaiser Theodosius (379–395) hier aufrichten ließ. Der Sockel zeigt Theodo-

sius und sein Gefolge als Zuschauer beim Wagenrennen. Außerhalb der Achse steht der sogenannte **Deutsche Brunnen** (Alman Çeşmesi), ein Geschenk, das Wilhelm II. bei seinem zweiten Staatsbesuch im Osmanischen Reich Abdülhamid II. machte.

**Atmeydanı, Sultanahmet; Tramhaltestelle Sultanahmet, Buslinie 210**

### Atik Valide Camii   ┄┄> S. 85, b 4

Die »Alte Moschee der Sultansmutter« ist eines der interessantesten Werke des Architekten Sinan. Er erstellte die Baugruppe zwischen 1570 und 1579 für Nurbanu Sultan, die Mutter Murads III. Die Anlage liegt in Üsküdar an einem Hang; Sinan nutzte die Schwierigkeit des Geländes und variierte brillant den von ihm selbst geschaffenen Kanon osmanischer Reichsarchitektur. So steht die Moschee halb auf der mitgestifteten Medrese (islamische Hochschule); und die umfänglichen Nebenbauten (heute als religiös geprägte Erziehungsanstalten genutzt und zumeist unzugänglich) spielen mit den Symmetrievorstellungen der Zeit.

**Abacıdere Sok., Toptaşı, Üsküdar; Bushaltestelle Toptaşı**

### Aya İrini (Irenenkirche)
┄┄> S. 119, E 19

Auf dem ersten Hof des Topkapı-Palastes steht die zweitgrößte byzantinische Kirche der Stadt, die dem göttlichen Frieden (Hagia eirene) geweiht war. Vom ersten Bau Konstantins (324–337) ist nichts geblieben; der erhaltene geht auf Justinian (527–565) zurück. Obwohl die einstige Patriarchatskirche als Moschee in Frage gekommen wäre, nutzten sie die Osmanen als Waffenarsenal und später als archäologisches Museum. Heute finden unter dem Kreuzmosaik der Ikonoklastenzeit (8. Jh.) Konzerte statt.

**Topkapı Sarayı İçi, Sultanahmet; Besichtigung mit Erlaubnis der Direktion der Hagia Sophia; Tel. 02 12/5 22 09 89; Tramhaltestelle Sultanahmet, Buslinie 210**

## Ayasofya (Hagia Sophia)

····} S. 119, E 19

Auf mittelalterlichen Stadtansichten wird Konstantinopel als ein mit sieben Türmen befestigter, weitgehend vom Meer umgebener Mauerring dargestellt, aus dem sich eine große Kuppel erhebt: Es ist die Kuppel der Hagia Sophia, des berühmtesten und symbolträchtigsten Bauwerks Istanbuls. Zahlreiche Sagen und Legenden spinnen sich um das Bauwerk. So ist in der stets feuchten »schwitzenden Säule« (linkes Seitenschiff) angeblich ein Engel verborgen, und das sogenannte »kühle Fenster« (links neben der Apsis) soll von einem geheimnisvollen kalten Windzug bestrichen sein.

Schon der Gründer des Neuen Roms, Konstantin, hatte an diesem Platz eine »Kirche der Heiligen Weisheit« erbauen lassen. Hier dürfte an erster Stelle die Weisheit des Kaisers gefeiert worden sein, des Stellvertreters Gottes auf Erden. In der Wertschätzung seiner eigenen Bedeutung stand dieser Mann nämlich noch ganz in der römischen Kaisertradition.

Der heutige Bau stammt im Wesentlichen aus der Zeit Justinians I. (527–565). Im sogenannten Nika-Aufstand von 532 war ein Nachfolgebau der ersten Kirche abgebrannt; und Justinian, der sich als Wiederbegründer römischer Macht verstand, ließ innerhalb von fünf Jahren diese Kirche errichten. Ein Mosaik über dem mittleren Zugang vom äußeren (Exonarthex) in den inneren Vorraum (Narthex) der Hagia Sophia versinnbildlicht diesen Anspruch. Kaiser Konstantin und Justinian huldigen der Jungfrau Maria mit dem Kinde; der eine bringt ihnen die Stadt Konstantinopel, der andere die Kirche dar.

Die leicht ovale Kuppel (Durchmesser 31,24 x 32,81 m) litt durch Brände und Erdbeben mehrmals schweren Schaden; immer wieder wurden Stützmauern angefügt.

Die Geschichte der Kirche ist so bewegt wie die ihrer Stadt: Während des byzantinischen Bilderstreits wurde sie 730–843 der gesamten figürlichen Innendekoration beraubt, nach der Eroberung Konstantinopels durch die Ritter des 4. Kreuzzugs war sie Sitz eines papsttreuen Patriarchen (1204–1261), schließlich wurde sie gleich nach der osmanischen Eroberung 1453 zur Hauptmoschee Istanbuls umgewandelt.

*Im Lauf der Jahrhunderte wurde die Hagia Sophia mehrmals erweitert. Die Osmanen wandelten die christliche Kirche nach der Eroberung 1453 in eine Moschee um.*

*Kaiser Konstantin und Zoë, die Stifter des Vorgängerbaus der Hagia Sophia, huldigen Christus. Zu sehen an der Ostwand der Südgalerie in der Hagia Sophia (→ S. 45).*

Die Osmanen fügten dem Bau vier Minarette, eine theologische Hochschule (Ruinen am Nordrand des Geländes), eine öffentliche Küche (Eingang gegenüber dem Topkapı-Palast, oft geschlossen), einige Sultansmausoleen (an der Südseite) und im 19. Jh. schließlich ein Muvakkithane (Orologium) hinzu.

Die Hauptsache aber ist der Innenraum. Unter seiner riesigen, durch 40 Rippen verstärkten Kuppel im etwas diffusen Licht der durch die Stützmauern verstellten Fenster bietet die Haupthalle (69,5 x 73,5 m) ein unvergessliches architektonisches Erlebnis, für das man sich viel Zeit nehmen sollte. Die monolithischen Stützsäulen stammen aus antiken Tempeln, ihre Kapitelle zeigen das Monogramm Justinians. Die Dekoration präsentiert sich heute als ein Nebeneinander von byzantinischer und islamischer Kunst: Sechsflügelige Engel hängen beispielsweise direkt neben den riesigen Kalligrafietafeln mit den Namen Allahs, Muhammads,

der Prophetenenkel und vier Rechtgeleiteten Kalifen.

Besondere Aufmerksamkeit verdienen vor allem folgende Mosaiken: Muttergottes mit Kind (Halbkuppel über der Apsis, 9. Jh.), Deesis (Christus zwischen Maria und Johannes dem Täufer, Südgalerie, etwa 12. Jh.), den thronenden Christus anbetender Kaiser, vermutlich Leon VI. (über dem den Kaisern vorbehaltenen mittleren Eingang der Haupthalle, 9.–10. Jh.), Konstantin IX. Monomachos und Kaiserin Zoë vor dem thronenden Christus (11. Jh.), Johannes II. Komnenos und Kaiserin Irene vor der Muttergottes mit Kind (12. Jh., beide Ostwand der Südgalerie, Porträts mit realistischen Zügen).

Aus osmanischer Zeit sind der Predigtstuhl (Minbar) und die Muezzinempore (neben dem Krönungsplatz der byzantinischen Kaiser) aus dem 16. Jh. sowie die im neobyzantinischen Stil gehaltene Sultansloge erwähnenswert, die der Schweizer Architekt Fossati im 19. Jh. als Teil der ersten Res-

taurationsarbeiten errichtete. 1935
folgte auf Wunsch Atatürks die Umwandlung des Baus in ein Museum.
Sultanahmet Meydanı, Sultanahmet;
Tramhaltestelle Sultanahmet, Buslinie
210; tgl. außer Mo 9.30–16.30 Uhr;
Eintritt 10 €

## Ayazma Camii (Moschee der heiligen Quelle) ····≻ S. 85, b 4

Diese von Mustafa III. für seine Mutter und seinen früh verstorbenen Bruder erbaute Moschee wurde nach drei
Jahren Bauzeit 1761 fertiggestellt. In
Üsküdar auf einem Höhenzug gelegen und selbst betont steil aufra-
gend, beherrscht sie das Stadtbild
gegenüber dem Kız Kulesi. Bemerkenswert die Ausschmückung, die
europäische Motive gelungen osma-
nisiert, der Eingangsbereich mit Frei-
treppe, der große Außentrakt, durch
den der Sultan seine Gebetsloge er-
reichte, und die steinernen Vogelhäu-
ser an den Außenwänden.
Tulumbacılar Sok., Salacak, Üsküdar;
zu erreichen am besten zu Fuß von der
Bootsanlegestelle Üsküdar

## Beyazıt Camii (Moschee Bayezids II.) ····≻ S. 118, B 19

Der Sohn Mehmeds des Eroberers ließ
1500–1505 diese Moschee errichten.
Sie kombiniert die Kuppelordnung der
Hagia Sophia mit einem Grundriss, der
in den Seitenflügeln Konvente für Derwische (islamische Ordensbrüder) vor-
sah. Dieser Herrscher verband impe-
rialen Anspruch mit orthodoxer Volks-
frömmigkeit. Im Moscheegarten die
Mausoleen Bayezids und seiner Tochter Selçuk Hatun, gleich anbei eine öffentliche Küche (seit 1880 Bibliothek),
am anderen Ende des Beyazıt-Platzes
eine theologische Hochschule, etwas
weiter westlich das verfallene Bad.
Beyazıt Meydanı; Verkehrsknotenpunkt
Beyazıt

## Bozdoğan Kemeri (Valens-Aquädukt) ····≻ S. 118, A 18

Sicher ist nicht, dass Kaiser Valens
(364–378) der Bauherr war. Aber diese noch von den Osmanen benutzte
Wasserleitung ist eines der eindrucks-
vollsten antiken Bauwerke der Stadt.
Saraçhanebaşı; Buslinie 71T

## Wegzeiten (in Gehminuten) zwischen wichtigen Sehenswürdigkeiten (*Taxifahrt bei normaler Verkehrslage)

|  | Galataturm | Großer Bazar | Topkapı-Palast | Archäologische Museen | Eyüp (Moschee) | Hagia Sophia | Dolmabahçe Sarayı | Kariye Camii | Süleymaniye Camii | Rumeli Hisarı | Türk ve Islâm Eserleri Müzesi |
|---|---|---|---|---|---|---|---|---|---|---|---|
| Galataturm | – | 45 | 60 | 55 | 25* | 60 | 10* | 20* | 50 | 20* | 60 |
| Großer Bazar | 45 | – | 25 | 25 | 25* | 20 | 20* | 20* | 10 | 30* | 20 |
| Topkapı-Palast | 60 | 25 | – | 5 | 30* | 10 | 15* | 25* | 35 | 30* | 15 |
| Archäologische Museen | 55 | 25 | 5 | – | 30* | 10 | 15* | 25* | 30 | 30* | 15 |
| Eyüp (Moschee) | 25* | 25* | 30* | 30* | – | 30* | 30* | 10* | 25* | 45* | 30* |
| Hagia Sophia | 60 | 20 | 10 | 10 | 30* | – | 15* | 25* | 30 | 30* | 5 |
| Dolmabahçe Sarayı | 10* | 20* | 15* | 15* | 30* | 15* | – | 30* | 20* | 20* | 15* |
| Kariye Camii | 20* | 20* | 25* | 25* | 10* | 25* | 30* | – | 20* | 40* | 25* |
| Süleymaniye Camii | 50 | 10 | 35 | 30 | 25* | 30 | 20* | 20* | – | 35* | 30 |
| Rumeli Hisarı | 20* | 30* | 30* | 30* | 45* | 30* | 20* | 40* | 35* | – | 30* |
| Türk ve Islâm Eserleri Müzesi | 60 | 20 | 15 | 15 | 30* | 5 | 15* | 25* | 30 | 30* | – |

### Büyük Postane
### (Hauptpostamt)    ⤳ S. 119, D 18

Istanbuls Hauptpost (ursprünglich das Postministerium) ist ein Beispiel für den sogenannten »Ersten Nationalen Architekturstil«. Architekten wie Vedat Tek, der diesen Bau errichtete, kombinierten moderne europäische Raumaufteilung mit historisierendem Bauschmuck. Das Ergebnis ist so orientalisch, wie es nur in der nachträglichen Erfindung möglich ist. Bemerkenswert auch die originale Innenausstattung.

**Yeni Postane Cad., Sirkeci; Tramhaltestelle Sirkeci; Teile des Gebäudes sind rund um die Uhr geöffnet**

### Çemberlitaş
### (Konstantinssäule)    ⤳ S. 118, C 19

Diese heute noch 35 m hohe Säule in der Mitte des römischen Forums wurde von Konstantin errichtet. Einst krönte die Spitze eine Apollonfigur, die später durch eine Kugel mit Kreuz christianisiert wurde. Geblieben ist ein von Byzantinern und Osmanen immer wieder repariertes, durch Eisenbänder vor den Folgen von Brandschäden geschütztes Denkmal der Antike.

**Divanyolu; Tramhaltestelle Çemberlitaş**

### Dolmabahçe Sarayı    ⤳ S. 115, E/F 9

Der während des Krimkrieges 1855 fertiggestellte Palast am Bosporusufer ist in einem heute zu Unrecht verachteten Neo-Rokoko (Zuckerbäckerstil) erbaut, der damals zeitgemäße Bauingenieurtechnik (das Baugelände ist künstlich aufgeschüttet; Teile der Statik sind in Metall konstruiert) mit osmanischem Zeremoniell (Abtrennung von Harem und Thronfolgersuite) und französischem Geschmack kreativ verbindet. Baumeister war der Armenier Garabet Amira Balyan, der die Prachtfront des Gebäudes zum Uhrturm am schmalen Vorplatz und weit gestreckt zum Meer hin öffnete. Historische Bedeutung erlangte der Palast auch als Todesort Kemal Atatürks.

**Beşiktaş; Buslinie 210; tgl. außer Mo und Do 9–16, im Winter bis 15 Uhr, Führung obligatorisch; Eintritt 6,50 €**

### Fatih Camii (Moschee des Eroberers)
⤳ S. 117, F 13

Die große Moschee, die Mehmed der Eroberer errichten ließ, wurde im Erdbeben von 1766 größtenteils zerstört; der heutige Bau stammt im Wesentlichen aus dem 18. Jh. Bedeutend

*Der Mitte des 19. Jahrhunderts nach europäischen Vorbildern erbaute Dolmabahçe-Palast diente bis zum Ende des Osmanischen Reichs als Stadtpalast des Sultans.*

sind die symmetrisch angeordneten Nebengebäude, vor allem die acht theologisch-juristischen Hochschulen (Medrese), die die besten des Reiches sein sollten.

Auch wenn einige Teile des Komplexes – beispielsweise die öffentliche Küche – inzwischen verschwunden sind, vermittelt die Anlage doch einen guten Eindruck von osmanischer Stadtplanung. Verstärkt wird dieser durch das Erscheinungsbild der Umgebung, die von islamistischen Gruppen in betont antiwestlicher Kleidung dominiert wird.

İslambol Cad., Fatih; Dolmuş-Linie zwischen Vezneciler und Edirnekapı; tgl. außer Mo und Di 9.30–16.30 Uhr; Mausoleum des Eroberers im Friedhofsgelände hinter der Moschee (Spende)

## Galata Kulesi (Galataturm) 👬    ⤙⤚> S. 113, F 8

Der Turm, der einst das Nordende der mittelalterlichen genuesischen Siedlung gegenüber Byzanz markierte, stammt aus der Mitte des 14. Jh. Der Teil oberhalb der fünften Etage (Spitzbogenfenster) scheint jedoch osmanischen Ursprungs zu sein. Der zwischenzeitlich als Gefängnis und Feuerturm dienende Bau ist einer der besten Aussichtsplätze der Stadt, mit einem Nachtlokal im obersten Stockwerk.

Büyük Hendek Sok., Galata; Buslinie 70T; Café: Tel. 02 12/2 93 81 90; Nachtclub: Tel. 02 12/2 45 11 60; Aussichtsturm 8.30–20 Uhr; Fahrstuhl 5 €

## Galata Mevlevîhanesi  ⤙⤚> S. 113, F 8

Die »mevlevî« waren die sogenannten »Tanzenden Derwische«, deren mit kosmologischer Bedeutung aufgeladener mythischer Ritus auch einen Andachtstanz einschloss. Dieser Orden war ein Zentrum verfeinerter Bildung, was ihn allerdings nicht davor bewahrte, 1925 mit allen anderen verboten zu werden.

Von den einst vier Mevlevî-Konventen Istanbuls steht heute nur noch

der von Galata, der vor 1529 gegründet wurde, dessen Bauten aber v. a. aus dem 19. Jh. stammen. Im Komplex ist heute das **Divan Edebiyatı Müzesi** (Museum für osmanische Hochliteratur; Eintritt 1 €) eingerichtet. Diese Richtung osmanischer Literatur war eng mit dem Derwischwesen verbunden. Einer ihrer großen Vertreter, der Dichter Galib Dede, war »şeyh« (spiritueller Meister) des Ordens und ist hier begraben. Ein Ort voll mystischer und doch klar-heller Atmosphäre.

Galip Dede Cad., Tünel; Trambahnhaltestelle Tünel, Tünel (obere Station); Fr–Mi 9.30–16.30 Uhr; Eintritt 1 €

## Haydarpaşa Garı (Bahnhof Haydarpaşa)  ⤙⤚> S. 85, b 4

Der Ausgangspunkt der berühmten Bagdadbahn, ein Werk der deutschen Architekten Cuno und Ritter (1908), steht gleich am Ufer des Marmarameeres an der Bucht von Kadıköy. Der Bau sollte zum Denkmal des deutschen Imperialismus und der deutsch-osmanischen Freundschaft werden. Der ästhetisch anspruchsvolle Bau ist durch ein Projekt bedroht, das ihn in ein Geschäfts- und Einkaufszentrum umwandeln soll.

Haydarpaşa İstasyonu Yolu; Denizyolları-Station Haydarpaşa

## Hıdiv Kasrı    ⤙⤚> S. 85, c 2

Diese Luxusvilla, an der Wende zum 20. Jh. errichtet, liegt inmitten eines herrlichen Parks über dem Bosporus. Bauherren waren die Nachfahren des ägyptischen Vizekönigs Muhammad Ali (1805–1848), der sich politisch von der osmanischen Kontrolle weitestgehend freigemacht hatte, aber nominell als Khedive (Vizekönig) Untertan des Sultans blieb. Die Nachkommen Muhammad Alis kamen nach Istanbul, als die Engländer den Khediven Abbas Hilmi im inzwischen britisch kontrollierten Ägypten nicht mehr zu dulden bereit waren.

Hıdiv Kasrı Korusu, Çubuklu; Dampferanlegestelle Çubuklu

*Die Chora-Kirche, ursprünglich Teil eines Klosterkomplexes, ist berühmt für ihre wunderschönen und gut erhaltenen byzantinischen Mosaiken.*

### Kariye Camii
### (Chora-Kirche)

····> S. 111, D 3

Byzanz war nur noch ein Staat bescheidener Größe, da baute der hohe Politiker und Gelehrte Theodoros Metochites das »Christus-Kloster auf dem Lande« (Monè toû Christoû tés Chóras) aus. Die dreischiffige, überkuppelte Basilika mit Grabkapelle, die in den Jahren zwischen 1316 und 1321 entstand, ist mit exzellenten Stücken byzantinischer Fresko- und Mosaikkunst geschmückt. Theodoros Metochites – 1331 nach einem Thronwechsel in Ungnade gefallen – starb in dem von ihm quasi neu errichteten Kloster. In einem Mosaik über dem Eingang zum Hauptraum ließ er sich als Kirchenstifter verewigen.

In diesem Hauptraum sind wunderschöne byzantinische Marmorschnitte und nur wenige Bildnisse (Marientod, Bildnisse Mariä und Jesu) zu sehen. Die Eingangshallen der Kirche, die gleichermaßen der Verehrung Mariens wie der Jesu geweiht sind, sind über und über mit Mosaiken geschmückt; nehmen Sie sich viel Zeit für die Zyklen an den oberen Teilen der Wände und in den Kuppeln. Man betritt die Kirche zwar über den Exonarthex (äußere Vorhalle), sollte aber, um der biblischen Chronologie zu folgen, gleich zum Narthex (innere Vorhalle) weitergehen. Hier beginnt in den beiden südlichen (rechten) Jochen der Zyklus mit der Darstellung Christi als Weltenherrscher (Pantokrator) sowie seiner 39 Vorfahren seit Adam.

Die anschließenden nördlichen (linken) Joche zeigen markante Szenen des Marienlebens. Die Deckenmosaiken des Exonarthex sowie der Vorraum zur Grabkapelle sind dem Jugendleben Jesu bis zur Versuchung gewidmet. Von dieser Szene geht es auf den übrigen Wandflächen sozusagen wieder zurück mit Szenen aus der Verkündigung geweihten Leben Jesu. Auf diese Weise überlagern sich Marien- und Christuszyklus vielfach, ein Verhältnis, das durch die typologische Gegenüberstellung (Geburt Mariens und Jesu z. B. an genau entsprechenden Stellen der beiden Hallen) unterstrichen wird.

Diese Zyklen werden durch weitere Darstellungen bereichert, so z. B. neben der erwähnten Stifterdarstellung die betende Maria mit Engeln im Bogenfeld (über dem Eingang), Christus mit zwei früheren Klosterstiftern (rechts im Narthex) und Heiligendarstellungen (v. a. in den Gurtbogen).

Die Fresken des Hauptraums beziehen sich einerseits direkt auf das Thema von Tod und Erlösung, andererseits versinnbildlichen sie in einer spezifisch orthodoxen Theologie die Vermittlerrolle Mariens als einer Brücke zwischen Himmel und Erde.

Im Nebenschiff der Kirche, dem Parekklesion, das ursprünglich als Grabkapelle diente, ist vor allem das Apsisfresko sehenswert. Es stellt die Anastasis, die Höllenfahrt Christi, dar. Was die Gruppe der an der Chora-Kirche beschäftigten byzantinischen Künstler geschaffen hat, erinnerte erste Betrachter an die etwa gleichzeitig entstandenen Fresken Giottos in Italien. Heute neigt man eher dazu, eine weitgehend verlorene, aber eigenständige byzantinische Tradition zu rekonstruieren. Von den osmanischen Anbauten ist bis auf das Minarett und ein bescheidenes Mausoleum nichts erhalten. Die Fassaden der Häuser in unmittelbarer Nachbarschaft der Kariye Camii wurden vom Türkischen Automobilclub wieder als osmanische Stadtviertel in der Farbigkeit des 19. Jh. hergerichtet.
**Kariye Camii Sok., Edirnekapı; an der Dolmuş-Linie von Vezneciler, Knotenpunkt zahlreicher Buslinien; Do–Di 9.30–16.30 Uhr; Eintritt 10 €**

### Kılıç Ali Paşa Camii ⤳ S. 114, B 12
Die Moschee, die sich der Großadmiral Kılıç Ali Paşa von Sinan oder einem seiner Schüler 1583 errichten ließ, stand einst direkt am Wasser – Landgewinnungen haben sie über 100 m

ins Festland gedrückt. Es ist dies eine einzigartige Spielerei: eine »verbesserte« Kopie der Hagia Sophia in verkleinertem Maßstab, mit einem Vorbau, der das Konzept des doppelten Narthex in die osmanische Galerie übersetzt, den Raum für die zum Gebet zu spät Gekommenen. Zum Gebäudekomplex gehören noch Mausoleum und Bad.
**Necatibey Cad., Tophane; Buslinie 210**

### Kız Kulesi (Leanderturm) 👫 ⤳ S. 85, b 4
Eigentlich ein Zweckbau: ein Leuchtturm auf einer Sandbank keine hundert Meter vor dem Hafen von Üsküdar. Der Turm wurde von europäischen Istanbul-Besuchern mit ungenügenden Kenntnissen klassischer Literatur als Schauplatz der Sage von Hero und Leander identifiziert.

Der türkische Name »Mädchenturm« bezieht sich auf eine Volkserzählung, nach der ein König seine Tochter vor den Folgen einer Weissagung schützen wollte, nach der sie durch einen Schlangenbiss sterben würde. Auf die (schlangenfreie) Insel verbannt, vereinsamte das Mädchen; der Vater schickte zum Trost einen bunten Obstkorb, in den jedoch eine Schlange geriet, die die Prinzessin schließlich tötete.
**Bootsverbindung von Salacak, nachmittags auch von Ortaköy, abends von Kabataş**

### Küçük Ayasofya Camii (Kirche der Heiligen Sergios und Bakchos) ⤳ S. 119, D 20
Die »Kleine Hagia Sophia« ist eine Kirche aus der Zeit von Kaiser Justinian I. (527–565) mit einem äußerst interessanten Aufbau: Kuppel auf ungleichmäßigem Achteck, das asymmetrisch in den annähernd quadratischen Grundriss eingeschrieben ist. Die Kuppel besteht aus 16 Sektionen, die abwechselnd flach und eingewölbt sind, der Querbalken zeigt eine Inschrift zum Lob des hl. Sergios, Kaiser Justinians und seiner Gemahlin

Theodora. Sehr schöne frühbyzantinische Kapitele.

Im Garten der Moschee liegt das Mausoleum Küçük Hüseyin Ağas, eines schwarzen Obereunuchen, der die Kirche Anfang des 16. Jh. in eine Moschee umwandelte. Die zwischenzeitlich als Derwischkonvent benutzte mitgestiftete Medrese um den Hof der Moschee wurde bei Redaktionsschluss renoviert.

Küçük Ayasofya Cad.; Bahnhaltestelle Kumkapı

### Nuruosmaniye Camii ⸱⸱⸱⸱⸳ S. 118, C 19

Die Moschee des »Osmanischen Lichts« (vollendet 1755) ist ein außergewöhnlicher Bau, der die Architekturtradition der Zeit Süleymans des Prächtigen zu Gunsten von Experimenten mit neuen, auch europäischen Formen aufgibt. Bemerkenswert sind vor allem der monumentale Zugang zur Sultansloge und der siebeneckige Moscheehof.

Vezirhanı Cad., Çemberlitaş; Tramhaltestelle Çemberlitaş

### Rumeli Hisarı ⚔️ ⸱⸱⸱⸱⸳ S. 85, b 3

Von Mehmed II. vor Eroberung der Stadt erbaute Burg. Sie sollte zusammen mit der älteren Anadolu Hisarı am gegenüberliegenden Bosporusufer der Sperrung des Schwarzmeerzugangs dienen. Die vier Türme haben eine Mauerstärke von bis zu 7 m. Im Sommer finden hier Konzerte (Türkpop) statt.

Rumelihisarı; Buslinie 210; tgl. außer Mi 9.30–17 Uhr; Eintritt 4 €

### Rüstem Paşa Camii ⸱⸱⸱⸱⸳ S. 118, C 17

Rüstem Paşa, Großwesir und Schwiegersohn Süleymans des Prächtigen, war einer der reichsten Männer seiner Zeit. Stiftungen im ganzen Osmanischen Reich, vor allem von profitorientierten Objekten wie Karawansereien, zeugen von seinem Sinn für Gewinn bringende Investitionen. Die Moschee in Istanbul, 1560 von Architekt Sinan entworfen, steht unterhalb der Anlage seines Schwiegervaters, der Süleymaniye, inmitten eines Basarviertels. Besonders bemerkenswert ist der außerordentlich reiche, vielfarbige Kachelschmuck, dessen Pracht die bescheidene Ausmaße des Baus aufwiegt.

Hasırcılar Cad., Eminönü; Busbahnhof, Schiffsanlegestellen und Tramhaltestelle Eminönü

### Şehzade Camii (Prinzenmoschee) ⸱⸱⸱⸱⸳ S. 118, A 18

Die erste Monumentalmoschee, die der Architekt Sinan baute, stiftete Süleyman der Prächtige für seinen 1543 an einer Seuche verstorbenen Sohn Mehmed. Er ist zusammen mit seinen Halbbrüdern Mustafa und Cihangir in einem Mausoleum hinter dem Bau beigesetzt. Die Kuppel (Durchmesser 19 m, die Hälfte der Seitenlänge des Baus) ist zu jeder Seite hin durch eine Halbkuppel gestützt; ein Architekturschema, das später u. a. von der Sultan-Ahmed-Moschee aufgenommen wurde. Dieser Plan lässt die Moschee nach außen hin reich abgestuft erscheinen, der Innenraum dagegen wirkt etwas ungegliedert. Zur Moschee gehören eine Karawanserei, eine öffentliche Küche und eine Hochschule (Medrese).

Şehzadebaşı Cad.; Buslinie 210

### Sokollu Mehmed Paşa Camii ⸱⸱⸱⸱⸳ S. 119, D 19/20

Mehmed Paşa aus Sokol in Bosnien war Großwesir Süleymans des Prächtigen, seines Sohnes Selim II. und Enkels Murad III. 1579 fiel er einem Attentat zum Opfer. Schon 1571 aber ließ sich Mehmed Paşa vom Baumeister Sinan seine Moschee errichten. Die Lösung für die schwierige Hanglage, auf der die Anlage errichtet wurde, ist außerordentlich elegant: Die hoch aufragende Moschee (die Scheitelhöhe der Kuppel ist fast zweimal so groß wie die Raumtiefe) blickt auf einen Moscheehof, in dessen Arkaden die Zellen einer theologischen Hoch-

*Im Inneren der Sokollu Mehmed Paşa Camii: Im Gegensatz zu den meisten islamischen Ländern dürfen in der Türkei auch Nichtmuslime Moscheen betreten.*

schule (Medrese) untergebracht sind. Der Unterrichtsraum liegt direkt der Moschee gegenüber.

Der Hauptzugang zum Hof führt von der weiter unten liegenden Straße unter diesem Unterrichtsraum hindurch zur Moschee. Das Spiel mit der Vertikalen zeichnet diese Anlage aus, zu der hinter der Moschee noch ein durch Mauern verborgener Derwischkonvent gehört. Höchst elegant ist auch die Innendekoration der Moschee, vor allem die zum Teil noch originale Ausmalung des 16. Jh. und der großartige Fliesenschmuck. In Gebetsnische (Kibla) und Gebetsstuhl (Minbar) sollen Steine von der Kaaba in Mekka eingearbeitet sein.

Özbekler Sok., Sultanahmet; Tramhaltestelle Sultanahmet, Buslinie 210

### Süleymaniye Camii

⤑ S. 118, B 17/18

Der größte der Stiftungskomplexe der Stadt ist der Süleymans des Prächtigen, den die Türken Kanunî, den »Gesetzgeber«, nennen, und er ist

zugleich ein architektonisches Meisterwerk. Der Kern der Anlage, den eine mit vergitterten Fenstern durchbrochene Mauer umgibt, wird von der Moschee mit Vorhof vorne und Friedhof hinten gebildet.

Die Moschee, die die Kuppelstellung der Hagia Sophia aufnimmt, ist als Denkmal der religiös gerechtfertigten Macht Süleymans gedacht; zugleich als symbolische Abbildung des Paradieses; Süleyman wurde hier geradezu als »Salomon der Gegenwart« gefeiert. Die Innenausstattung ist auf den ersten Blick recht schlicht, aber erlesen; die farbigen Fenster sind original. Die beiden größeren der vier Minarette haben je drei Balkone, die über getrennte Treppen zu erreichen sind. Der Brunnen (»şadırvan«) im Hof der Moschee ist besonders elegant, sein merkwürdiges Wasserzuführungssystem (Brausen von oben und den Seiten) ist mit einer Paradiesschilderung des Korans zu erklären.

Das Mausoleum (Türbe) Süleymans, im Gegensatz zu dem seiner

*Der gewaltige Innenraum der Süleymaniye (→ S. 53) aus dem 16. Jahrhundert. Sie gilt als die schönste Moschee İstanbuls.*

Dar ül-hadis, eine auf das Studium prophetischer Rechtsüberlieferung spezialisierte Anstalt, die in einem lang gestreckten Gebäude mit 22 Zellen nach Osten hin den Gebäudekomplex abschließt. Es liegt auf der Ebene der Moschee, das Straßenniveau aber ist wegen der Hanglage bereits so viel tiefer, dass eine Ladenzeile als Untergeschoss Platz hatte. Die Ladenmieten trugen ebenso zum Unterhalt der Moschee bei wie die Einnahmen aus dem Bad gegenüber.

Gegenüber dem Moscheevorhof befinden sich die heute geschlossene Karawanserei und die öffentliche Küche, in der seit einigen Jahren das Restaurant Darüzziyafe osmanische Speisen serviert. An der Ecke neben der öffentlichen Küche liegt das ehemalige Krankenhaus, zwischen ihm und der Süleymaniye-Bibliothek eine medizinische Hochschule. Drei kleinere Bauten dürfen nicht vergessen werden: Zur Stiftung gehörten weiter der Brunnen auf dem Platz zwischen dem heutigen Universitätsgelände und der Moschee, eine Elementarschule und schließlich das Mausoleum Sinans, halb offen an der gegenüberliegenden Ecke der Anlage. Hier ruht der Mann, von dem man ruhigen Gewissens behaupten kann, er habe İstanbul so viel Schönheit geschenkt wie kein Zweiter. Tatsächlich ist die Süleymaniye Camii mit den sie umgebenden alten Holzhäusern das osmanische Herzstück der Stadt.

**Süleymaniye Cad., Küçükpazar; Tramhaltestelle Beyazıt sowie Buslinie 71T, Dolmuş-Endstelle Vezneciler**

Frau Hürrem Sultan zugänglich, ist eine prachtvolle Miniaturisierung des Felsendoms in Jerusalem.

Für die Entwicklung der Stadt waren die Nebenbauten mindestens ebenso wichtig wie die Moschee, denn die sultanische Stiftung fungierte als Arbeitgeber in großem Stile. Wesentlich sind fünf Lehranstalten: Vier theologisch-juristische Hochschulen (Medrese) wurden hier errichtet, die die Hochschulen der Fatih Camii noch an Rang übertrafen. Zwei von ihnen liegen an der Südwestseite der Anlage; sie beherbergen heute die Süleymaniye-Bibliothek mit ihrer außerordentlichen Sammlung islamischer Handschriften. Die beiden anderen wurden am Abhang gebaut und stehen an der gegenüberliegenden Gasse. Die fünfte Lehranstalt ist das

### Sultan Ahmed Camii (Blaue Moschee) ⤏ S. 119, D 19

Sechs schlanke Minarette und vier monumentale Elefantenfüße: Die von Sultan Ahmed I. gestiftete Moschee wurde zwischen 1609 und 1616 errichtet. Alles ist auf Größenwirkung angelegt, dabei ist das Bauvolumen etwa »nur« halb so groß wie das der gegenüberliegenden Hagia Sophia.

Der Außenbau ist durch wohlproportionierte Kuppeln abgestuft. Sechs Minarette lassen den Bau noch gewaltiger erscheinen. Den Innenraum beherrschen die sogenannten Elefantenfüße, vier mächtige Pfeiler, die die Hauptlast der Kuppel aufnehmen.

Seinen Namen »Blaue Moschee« verdankt der Bau den 21 000 Wandfliesen aus İznik auf den Galerien, die wirklich zumeist blau gefärbt sind.

Sultanahmet Meydanı, Sultanahmet; Tramhaltestelle Sultanahmet, Buslinie 210

### Taksim Meydanı (Taksim-Platz) ⤳ S. 114, C 10

Der »Platz des Wasserverteilers« war bis in das 20. Jh. hinein das Nordende der Stadt. Von hier führten die Wasserleitungen nach Beyoğlu; jenseits des Platzes lagen Kasernen und freies Feld. Mit der Erweiterung der Stadt wurde der Taksim-Platz bewusst zum modernen Zentrum eines neuen Istanbul ausgebaut. Man bewahrte den Wasserverteiler als Monument, errichtete ein Denkmal für den türkischen Befreiungskrieg 1918–1922, schleifte die Kaserne und baute an ihrer Stelle einen Park. Oper, internationale Hotels und Bühnen folgten, Verkehrslärm, Blumen verkaufende Roma und Imbissstuben kamen hinzu.

Taksim Meydanı; Verkehrsknotenpunkt Taksim

### Tekfur Sarayı (Tekfur-Palast) ⤳ S. 111, D 2

Der als eindrucksvolle Ruine erhaltene byzantinische Palast gehörte in der Spätzeit wohl zur Kaiserresidenz, die im nahe gelegenen Blachernenpalast untergebracht war. In osmanischer Zeit diente der zunehmend verfallende Bau aus Ziegeln und Marmor als Menagerie, Bordell, Fayencemanufaktur und Glasfabrik.

Avcılar Mah. 80, Edirnekapı; Bushaltestelle Ayvansarayı; Besichtigung nur Sa, So 9.30–17.30 Uhr mit Erlaubnis der Direktion der Hagia Sophia (Tel. 02 12/5 22 09 89); Eintritt 1,20 €

### Tophane ⤳ S. 114, B 11

Eine Kanonengießerei brauchte eine Militärmacht wie die der Osmanen in ihrer Hauptstadt natürlich immer. Und tatsächlich stand an dieser Stelle bereits seit Mehmed Fatih eine Gießerei für die Geschütze der Osmanen. Der heutige Bau stammt aus der Zeit von Selim III., der Ende des 18. Jh. das osmanische Militär modernisierte. Etwas überrestauriert, ist das Tophane heute Ausstellungsgelände.

Boğazkesen Cad., Tophane (gegenüber dem Brunnen); Buslinie 210

### Tophane Çeşmesi ⤳ S. 114, B 12

Dieser Brunnen wurde 1732 vor der Kanonengießerei errichtet, zwei Jahre nach dem Ende der Tulpenzeit. Hier konnte sich die Lebensfreude und Eleganz dieser Epoche der noch einmal manifestieren. Realistische Blumen- und Obststillleben, herrliche Kalligrafien und reiche Ornamentik übertreffen sogar den Dekor des Brunnens, den Ahmed III. vor dem Topkapı-Palast aufstellen ließ. Dafür ist der Platz nicht (mehr) so schön: Einst stand dieser Brunnen am Bosporusufer; inzwischen wurde aber dem Bosporus Land abgewonnen.

Tophane İskele Cad., Tophane; Buslinie 210

### Topkapı Sarayı (Topkapı-Palast) ⤳ S. 119, F 18

Als Mehmed II. 1453 Konstantinopel eroberte, lebten dort weniger als 50 000 Menschen. Für die Hauptstadt eines ehemaligen Weltreiches eine auffallend geringe Zahl. So war genug Platz für mehrere große Paläste. Den ersten errichtete der Sultan auf dem heutigen Universitätsgelände, am höchsten Punkt der Stadt; 1469 dann den »Neuen Palast« auf der Landspitze, die Goldenes Horn und Marmarameer trennt. Er sollte auch militärische Zwecke erfüllen: Eine Artilleriestellung schützte vom Platz des heutigen Atatürk-Denkmals aus den Zugang zum Ha-

*Der Topkapı-Palast (→ S. 55) ist in mehrere Höfe gegliedert. Der Torbau des Bab üs-Selâm führt in den zweiten Hof.*

fen. Ihr verdankt der ehemalige »Neue« Palast seinen Namen, »Topkapı« bedeutet »Kanonentor«. Lange Zeit existierten beide Paläste nebeneinander, erst zur Zeit Süleymans des Prächtigen (1520–1566), der allerdings auch den Alten Palast weiter benutzte, zog der Harem in den Neuen, der zum Hauptwohnsitz des Großherrn und zeremoniellen Zentrum des Reiches wurde.

Im Alten Palast waren zuletzt nur unwichtigere Teile der Verwaltung und die Haremsdamen verstorbener Sultane untergebracht, bevor er 1826 dem Kriegsministerium übergeben und später abgerissen wurde.

Der Topkapı-Palast dagegen wurde als Hauptsitz des Sultans ständig um- und ausgebaut. Erst 1856 bezog der Hof den Dolmabahçe Sarayı, in den Topkapı-Palast kamen wiederum die Angehörigen des Harems verstorbener Sultane und Verwaltungsstellen, darunter die staatliche Münze. Mitte des 19. Jh. wurde ein Teil des Palastgartens für den Bau des Archäologischen Museums zur Verfügung gestellt; Ende des Jahrhunderts verlegte man die Eisenbahnstrecke entlang des Bosporus durch den Palastgarten.

Den Haupteingang des Palastes, das **Bab-i hümayun** (großherrliches Tor), erreicht man an der Rückseite der Hagia Sophia. Durch ihn gelangt man in den bis heute öffentlichen, frei zugänglichen ersten Hof der Anlage, der schon wegen seiner Größe und ungleichmäßigen Berandung etwas unübersichtlich wirkt. Der Hof wurde als Aufmarschfeld für das Heer benutzt. Viele der Gebäude in diesem Bereich dienten dem Militär, links vom Eingang die **Aya İrini** (→ S. 44) mit angrenzenden Bauten etwa als Waffenarsenal. Rechts befanden sich riesige Bäckereien, die Tausende mit Brot versorgten. Gegenüber ist das Gelände der Münzprägeanstalt (»darphane«). Daneben führt ein Tor in den Palastgarten, zu dem von Mehmed II. errichteten **Çinili Köşk** (→ S. 63), der reich mit Fliesen geschmückt ist und indopersische Stilelemente aufweist. Außerdem führt dieser Weg zum Alay Köşkü auf der äußeren Palastmauer. Von diesem Pavillon aus verfolgten die Großherren die Festumzüge und Paraden.

Ein recht wehrhaft anzusehendes Tor, das **Orta Kapı** (Mittleres Tor) oder **Bab üs-Selâm** (Tor des Friedens), führt in den zweiten Hof, in dem die sogenannten äußeren Dienste des Palastes untergebracht waren. Hier zahlte man auch den Janitscharen ihren Sold und empfing Gesandte anderer Staaten. Rechts befindet sich der ehemalige Küchentrakt mit der weltberühmten Sammlung chinesischen und osmanischen

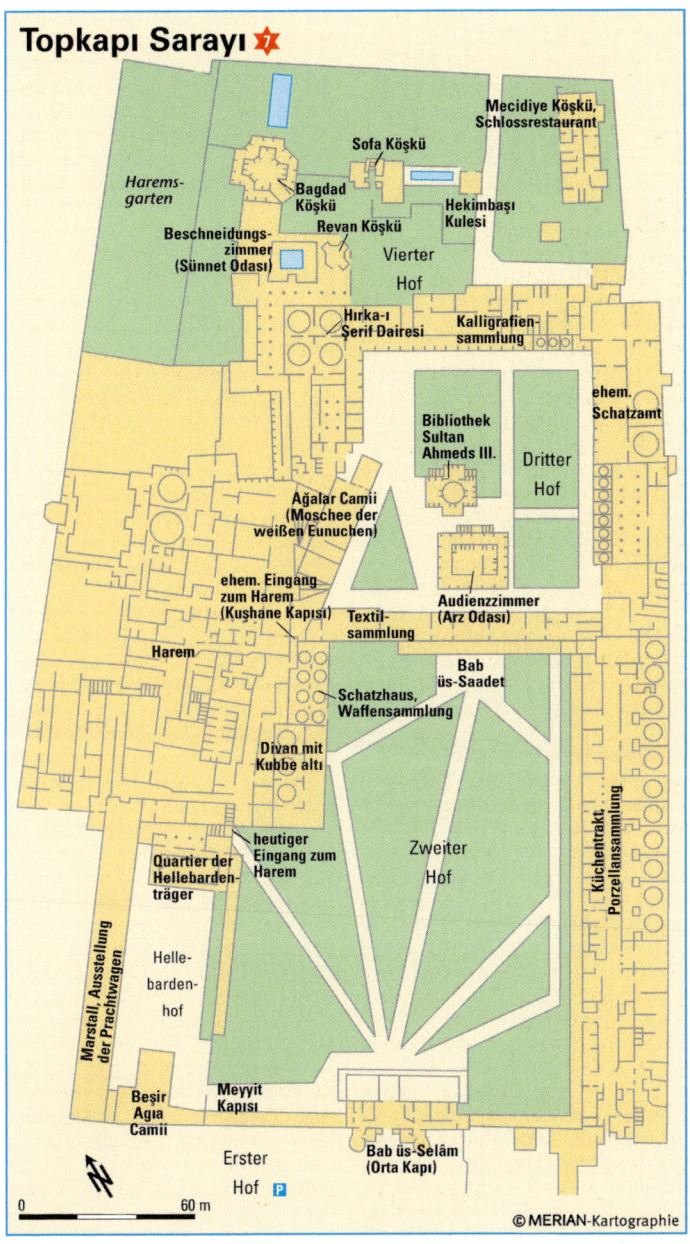

# Topkapı Sarayı

Harems-garten

Sofa Köşkü

Mecidiye Köşkü, Schlossrestaurant

Bagdad Köşkü

Revan Köşkü

Hekimbaşı Kulesi

Beschneidungs-zimmer (Sünnet Odası)

Vierter Hof

Hırka-ı Şerif Dairesi

Kalligrafien-sammlung

ehem. Schatzamt

Bibliothek Sultan Ahmeds III.

Dritter Hof

Ağalar Camii (Moschee der weißen Eunuchen)

ehem. Eingang zum Harem (Kuşhane Kapısı)

Audienzzimmer (Arz Odası)

Textil-sammlung

Harem

Bab üs-Saadet

Schatzhaus, Waffensammlung

Divan mit Kubbe altı

heutiger Eingang zum Harem

Quartier der Hellebarden-träger

Zweiter Hof

Küchentrakt, Porzellansammlung

Marstall, Ausstellung der Prachtwagen

Helle-barden-hof

Beşir Ağa Camii

Meyyit Kapısı

Erster Hof

Bab üs-Selâm (Orta Kapı)

0        60 m

© MERIAN-Kartographie

Porzellans, die die Osmanen hinterließen. Links führt ein kleines Tor zu den Marställen, in denen heute u.a. großherrliche Prachtwagen (vor allem 19. Jh.) ausgestellt sind. Der Bau am Nordende dieses Traktes war das Quartier der betressten Hellebarden-Träger (»zülüflü baltacılar«).

Das bemerkenswerteste Bauwerk des zweiten Hofes ist jedoch das Gebäude des großherrlichen Divans. Er tagte unter dem »Turm der Gerechtigkeit« in einem Raum, der »Kubbe-altı« (unter der Kuppel) genannt wurde. Der Divan war das höchste Rechtsprechungs- und Entscheidungsorgan nach dem Sultan. Hier tagten die Wesire, Spitzen der Bürokratie und Rechtsgelehrtenschaft unter Vorsitz des Großwesirs. Alle Entscheidungen mussten dem Sultan, der jederzeit durch ein vergittertes Fenster in der Wand den Verhandlungen zuhören konnte, zur Genehmigung vorgelegt werden, um gleich darauf zur Vollstreckung zu kommen. Neben diesem noch mit der Dekoration des 16. Jh. erhaltenen Raum befand sich gleich das Sekretariat (barock), daneben der Staatsschatz (von acht Kuppeln bedeckt).

Damit ist man an der Stirnwand des zweiten Hofes angelangt. Hier empfängt einen das weit ausragende Dach des **Bab üs-Saadet** (Tor der Glückseligkeit), das in den dritten Hof führt. Zuvor muss man jedoch eine kleine steinerne Markierung am Boden passieren: die Stelle, an der das Prophetenbanner präsentiert wurde, wenn das Osmanische Reich einen Feldzug eröffnete.

Der dritte Hof war dem Sultan und wenigen Auserwählten vorbehalten. Zum Betreten des Geländes war eine Sondergenehmigung nötig. Auch wenn das Bab üs-Saadat geöffnet ist, ist der dritte Hof nicht zu sehen. Ein direkt hinter ihm stehender **Pavillon** versperrt die Sicht. Bei diesem Pavillon handelt es sich um das Audienzzimmer der Großherrn, das in

seiner heutigen Form aus der Zeit Süleymans des Prächtigen stammt. Hier wurden dem Sultan in strengem Zeremoniell die Spitzen des Reiches, aber auch ausländische Botschafter vorgeführt. Die prachtvolle Ausstattung mit dem niedrigen, zum Hocken bestimmten Thron sollte den Gästen verdeutlichen, dass sie sich im Bereich des Herrschers befanden.

Der dritte Hof enthält herrliche Sammlungen, die zum Teil in den Räumen des ehemaligen Schatzamtes und der Pagenschule untergebracht sind. Dort sind etwa prachtvolle Stücke des osmanischen Schatzes, Kleidungsstücke von Herrschern und Prinzen, Miniaturen, Waffen, Porträts und Werke der Kalligrafie ausgestellt.

In der Mitte des Hofes erhebt sich die elegante **Bibliothek Ahmeds III.** In den Hof hinein ragt die größte Moschee des Palastgeländes. Sie ist ausgesprochen schlicht gehalten und diente den Pagen, nicht dem Herrscher, zum Gebet. In der nordwestlichen Ecke des Hofes befindet sich das **Hırka-ı Şerif Dairesi**, in dem Gegenstände mit religiöser Bedeutung aufbewahrt werden; u.a. ein Mantel und Barthaare des Propheten Mohammed. Seit kurzem sitzt hier auch wieder ein Koranleser, der ohne Pause aus dem Koran vorträgt.

Vom dritten Hof gelangte man früher in den **Harem**; heute dient dieses Tor nur noch als Zielpunkt der Führungen, die nun im zweiten Hof beginnen (mehrere Fremdsprachen, Dauer ca. eine halbe Stunde, 1,20 €). Dieser privateste Palastkomplex wurde nur in Teilen zugänglich gemacht. In ihm war das weibliche Gefolge des Sultans, seine Frauen und Konkubinen, untergebracht, betreut und bewacht von »weißen« und »schwarzen« Eunuchen. Die prächtigsten Räume bewohnte die Sultansmutter mit ihrem eigenen Hofstaat. Seit der zweiten Hälfte des 16. Jh. kamen auch Prinzen dazu, die man auf diese Weise, streng von der Außenwelt isoliert,

*Der weitläufige Topkapı-Palast (→ S. 55) ist zur Meerseite hin von wunderbaren, in Terrassen angelegten Gartenanlagen umgeben.*

unter Kontrolle hielt, aber nicht unbedingt zum Regieren fähiger machte.

Der schönste Teil des Palastes sind die terrassierten **Gartenanlagen** hinter dem dritten Hof. Hier stehen die herrlichen Pavillons, die Murad IV. (1623–1640) anlässlich seiner Eroberungen errichten ließ: »Revan« (Eriwan) und »Bağdad Köşkü«, hier steht auch die halb offene Konstruktion des »Beschneidungszimmers« der Prinzen. Auch der Goldbaldachin des İftariye Köşkü, den der Sultan İbrahim errichten ließ, ist gelungene Architektur. Von hier hat man einen herrlichen Blick über die Stadt.

Älter sind der Torpavillon, von dem aus ein Weg in den Gülhane-Park führte, und der »Turm des Leibarztes«, der einst mit einer Aussichtsterrasse ausgestattet war. Architektonisch will der Mecidiye Köşkü aus der Mitte des 19. Jh. nicht recht ins Ensemble passen, aber man hat von seiner Terrasse einen wunderbaren Blick über das Marmarameer und zum Bosporus; und

hier ist auch das Schlossrestaurant (leider etwas teuer) untergebracht.
**Sarayiçi, Sultanahmet; Tramhaltestelle Sultanahmet; Buslinie 210; tgl. außer Di 9.30–17 Uhr; Eintritt 10 €, für Harem und Schatzkammer jeweils 6,50 € extra**

### Tünel 👥 ┈┈┈❯ S. 113, F 7/8

1874 bauten die Osmanen ihre erste U-Bahn: den wenige hundert Meter langen Tünel, dessen Zahnradwagen den Abhang zwischen der ersten Brücke über das Goldene Horn und dem Ende des İstiklâl Caddesi, der alten Grand rue de Péra, überwinden. Ein verkehrstechnisches Monument, aber auch ein Zeichen für die Modernität des späten Osmanischen Reiches, das Europa nur für den kranken Mann am Bosporus hielt.
**Letzte Fahrt gegen 21 Uhr, Jeton für die Sperre 0,50 €**

### Yedikule 👥 ┈┈┈❯ S. 85, a 4

Die »Burg der sieben Türme« ist eine osmanische Erweiterung der byzanti-

*Die Festung Yedikule (→ S. 59), die »Burg der sieben Türme«, ist Teil der Stadtmauer. Die Anlage weist osmanische und byzantinische Elemente auf.*

nischen Stadtmauer und zugleich eine Renaissancefestung auf türkische Art: Der Grundriss berücksichtigt die Grundsätze des Genuesen Leon Battista Alberti, dessen Werk zur Baukunst fünf Jahre, bevor Yedikule 1457 begonnen wurde, erschienen war. Aufgabe der Anlage war weniger der Schutz der Metropole vor äußerer Bedrohung, als hier, fernab vom Zentrum, ein befestigtes Fort zur Aufbewahrung des Schatzes, als Pulverdepot und als Staatsgefängnis zu bieten. Hier wurden auch die Gesandten von Staaten in Haft gehalten, mit denen die Osmanen Krieg führten.

Zentrum der Anlage ist die **Porta aurea** (Goldenes Tor), ein Triumphbogen Kaiser Theodosios I., am Anfang der Via Triumphalis. Bereits im Jahr 447 wurde das von zwei Türmen mit quadratischem Grundriss bewehrte Tor in die Byzantinische Landmauer mit einbezogen. Die Osmanen mauerten das monumentale Tor zu und bauten drei Rundtürme auf der Stadtseite. Eine Mauer verband diese Türme mit den Türmen der Stadtmauer, die beiderseits der Porta aurea lagen. Das umschlossene Gelände ist heute bis auf die Reste einer Moschee und die moderne Ruine eines Freilichttheaters ein leerer Grasplatz. Vom Mauerring bietet sich eine hervorragende Aussicht, die Wallanlagen vor der Burg vermitteln eine gewisse Gartenromantik.

**Kule Meydanı 4, Yedikule; tgl. außer Mo 9.30–17 Uhr; Endhaltestelle der Buslinien 80, 80T**

### Yeni Cami (Neue Moschee)

····> S. 118/119, C/D 17
Unübersehbar an der Galatabrücke liegt diese Moschee, die von Safiye Sultan, der Frau Murads III., 1597 begonnen und erst im Jahr 1663 von Turhan Sultan, der Mutter Mehmeds IV., vollendet wurde. Der monumentale Moscheebau mit dem Vierpassgrundriss der Şehzade-Moschee und dem Innendekor aus İznik-Fliesen bildet den Abschluss der Architekturtradition Sinans. Der benachbarte Ägyptische Basar gehörte ebenso zur Stiftung wie die große Türbe, das Mausoleum zwischen diesen beiden Großbauten.

**Eminönü Meydanı; Verkehrsknotenpunkt Eminönü mit Schiffsanlegestelle**

### Yıldız Sarayı (Yıldız-Palast)

····> S. 85, b 3
Es gab Zeiten, da wurde der Name »Yıldız« nicht oder nur mit Furcht ausgesprochen: Von 1878 bis 1908 regierte in der Palastanlage klug, aber despotisch Abd ül-Hamid II. Teile seines Palastes sind verschwunden, andere werden von Stiftungen genutzt, aber der Park ist öffentlich zugänglich.

Ein Teil des Palastes ist zu besichtigen, die alte Porzellanmanufaktur von Yıldız verkauft ihre Erzeugnisse.

Unter den Bauten ist der rot lackierte **Çadır Köşkü**, in dem 1880 in einem abgekarteten Prozess der modernistische Großwesir Midhat Paşa zum Tode verurteilt wurde, besonders bemerkenswert. Auf internationalen Druck zu lebenslanger Verbannung im Jemen begnadigt, wurde Midhat Paşa dort später auf Befehl Abd ül-Hamids ermordet. Sehenswert ist auch der wunderschöne **Malta Köşkü** mit herrlichem Blick von der Terrasse, der zur Zeit der Drucklegung allerdings gerade restauriert wurde. Er zeigt, dass auch ein heute als »islamisch« geltender Sultan wie Abd ül-Hamid II. Verständnis für und Geschmack an europäischer Architektur hatte. So bietet der Park jedem etwas: wunderbare Ausblicke, alte Bäume und osmanische Geschichte.

Çırağan Cad., Beşiktaş; Buslinie 210; tgl. bis Sonnenuntergang; Eintritt frei, PKW 0,50 €; Besuch des Yıldız Şale Köşkü tgl. außer Mo und Do 9.30–16 Uhr (Führung); Eintritt 2 €; die Cafés im Çadır und

im Malta Köşkü bieten tgl. Erfrischungen an, Sa und So Brunch (allerdings kein Alkoholausschank); Porzellanverkauf in der Manufaktur (oberer Parkeingang, Palanga Cad.)

---

## MERIAN-Tipp

 **Yerebatan Sarayı (Yerebatan-Zisterne)**

336 Säulen, jede 8 m hoch, tauchen in farbigem Licht auf und verschwinden wieder; Musik setzt ein und übertönt das Tropfen von Wasser: Diese von Justinian I. (527–565) errichtete unterirdische Zisterne ist 140 x 70 m groß und fasste 80 000 Kubikmeter Wasser. Man wandert über die Betonstege, um die Kapitelle und die beiden riesigen Medusenhäupter zu betrachten. Wer mag, kann eine Erfrischung im Café zwischen den Säulen einnehmen.

Yerebatan (Hilâliahmer) Cad., Sultanahmet; Tramhaltestelle Sultanahmet, Buslinie 210; tgl. außer Di 9–17.30 Uhr; Eintritt 9 € ····} S. 119, D 19

---

*Die gut erhaltene und öffentlich zugängliche Yerebatan-Zisterne (→ MERIAN-Tipp, S. 61) sicherte im mittelalterlichen Byzanz die Wasserversorgung Konstantinopels.*

# Museen und Galerien

Istanbuls Museen sind eine wahre Schatzgrube und eigentlich eine eigene Reise wert.

*Die großartige Sammlung des Museums für türkische und islamische Kunst (→ S. 65), das in einem ausgedehnten Palast untergebracht ist, zeigt Objekte aus dem 7. bis 19. Jahrhundert und gibt einen umfassenden Überblick über diese beiden Kulturen.*

Jahrtausendelang fanden die besten Kunstwerke des östlichen Mittelmeerraums ihren Weg nach Byzanz und Istanbul, wo die politisch und finanziell potenten Hauptstädter des Reiches mit Leidenschaft sammelten. Seit dem 19. Jh. fließen die Kunsthandels- und Kunstschmuggelströme vor allem Richtung Europa und Nordamerika. Überwältigend bleiben die Istanbuler Sammlungen, deren beste Stücke in den Museen der Stadt ausgestellt werden, aber allemal. Was leider häufig fehlt, sind ansprechend gemachte Kataloge, fremdsprachige Führungen, Öffnungszeiten in den Abendstunden oder Museumsrestaurants und -shops mit Atmosphäre.

Was zeitgenössische Kunst angeht, gilt Istanbul zwar eher als Provinz, aber als eine ausgesprochen lebendige. Die Privatgalerien handeln so gut wie ausschließlich türkische Künstler und konzentrieren sich insbesondere in den Stadtteilen Beyoğlu, Kadiköy und Nişantaşı/Teşvikiye. Informationen bietet die Tagespresse (»Radikal« oder »Cumhuriyet«) oder das monatlich erscheinende »Time Out Istanbul«.

**MUSEEN**
**Arkeoloji Müzeleri (Archäologische Museen)** ····> S. 119, E 18

Das erste Museum des Landes – und zwar auch im engeren Sinne des Wortes. Es geht auf eine 1846 in der Aya rini untergebrachte Antikensammlung zurück, die 1869 zum Hofmuseum wurde. Vom bedeutenden Archäologen und Maler Osman Hamdi veranlasst, konnte 1891 das jetzige Hauptgebäude eröffnet werden. Seit Hamdis Zeit als Direktor besitzt Istanbul eine Antikensammlung, die mit den größten Sammlungen der Welt in einem Atemzug genannt wird. Sie ist zwischen erstem Hof des Topkapı-Palasts und Gülhane-Park untergebracht.

**Arkeoloji Müzesi (Museum der Klassischen Archäologie);** mit weltberühmten Stücken wie dem Alexandersarkophag, dem pergamenischen Porträtkopf Alexanders, der Ephebenstatue aus Tralles, griechischer und römischer Skulptur aus Sidon, Magnesia am Mäander, Aphrodisias, Troja usw. Wichtig sind auch die Sammlung zur phrygischen Kultur und die reichen Bestände an Keramik und Metallarbeiten (Schmuck).

**Eski Şark Eserleri Müzesi (Altorientalische Sammlung);** die manchmal neben der klassisch-archäologischen Sammlung vom Besucher etwas vernachlässigten Bestände aus osmanischen Grabungen und Funden der altsüdarabischen, altägyptischen, sumerischen und akkadischen Kultur sind mit den Schätzen auf der Berliner Museumsinsel vergleichbar. Gemeinsam ist beiden Museen auch, dass sie Teile des berühmten babylonischen Ischtar-Tores präsentieren, dessen aus Relieffliesen gefertigte Tierdarstellungen zum Urbild babylonischer Kunst wurden.

**Çinili Köşk (Keramik- und Schmuckfliesensammlung);** der »Pavillon mit den Fliesen«, den Mehmed der Eroberer erbauen ließ (→ S. 56), ist wegen seiner indisch anmutenden Architektur und Dekoration ein eigenständiges Kunstwerk. Die hier ausgestellte Sammlung präsentiert seldschukische Fliesenkunst, vor allem durch Fundstücke aus dem Palast Sultan Alâ üd-Din Keykubads (1219–1236) in Beyşehir, auf denen auch Tiere und Menschen abgebildet sind. Der zweite Schwerpunkt der Sammlung ist Keramik aus İznik aus dem 16. Jh. Schließlich wird die spät- und neobarocke Keramikkunst der osmanischen Porzellan- und Keramikmanufaktur in Çanakkale gezeigt.

**Gülhane Parkı, Sarayiçi; Tramhaltestelle Gülhane Parkı; Di–So 9.30–17 Uhr; die Altorientalische Sammlung nur Mi, Fr und So, der Çinili Köşk Di, Do und Sa geöffnet; Eintritt 4 €**

## MERIAN-Tipp

**10 Sabancı Üniversitesi Sakıp Sabancı Müzesi**

Die Sammlung des Großindustriellen Sakıp Sabancı (Malerei des 19. und 20. Jh., islamische Kalligrafie und Kunsthandwerk) wurde im stattlichen Familiensitz am Bosporusufer untergebracht und in ein professionelles, modernes Museum umgewandelt. Gediegene Sammlung der türkischen klassischen Moderne, sensationelle Wechselausstellungen (Picasso).

Istinye Cad. 22, Emirgân; Bushaltestelle Emirgân; www.muze.sabanciuniv. edu; Di, Do, Fr, So 10–18, Mi 10–22, Sa 10–19 Uhr; Eintritt 6,50 €

┈┈→ S. 85, b 3

### Askerî Müze (Militärmuseum) 👫

┈┈→ S. 115, nördl. D 9

Das Militärmuseum gehört nach wie vor den Streitkräften; und man muss anerkennen, dass hier weder Chauvinismus betrieben noch Geschichte verfälscht wird. Gezeigt werden osmanische Waffen und Ausrüstungsgegenstände, aber auch Beutestücke, wie z.B. spätmittelalterliche deutsche Schwerter sowie Exponate zum Ersten Weltkrieg und türkischen Befreiungskrieg. Das glänzendste Stück ist ein originales Feldzugszelt des osmanischen Sultans, eine weitere Attraktion das Konzert der »mehter«: historische Marschmusik in den Kostümen der osmanischen Militärkapelle (15–16 Uhr).

Cumhuriyet Cad., Harbiye; alle Buslinien, die vom Taksim-Platz nach Norden fahren; Mi–So 9–17 Uhr; Eintritt 1 €

### Deniz Müzesi (Marinemuseum) 👫

┈┈→ S. 115, östl. F 9

Zu einer See- und Hafenstadt gehört natürlich auch ein Marinemuseum. Das Istanbuls liegt an der Anlegestelle von Beşiktaş gleich beim Mausoleum (Türbe) des Großadmirals Barba-ros (»Rotbart«) Hayreddin Paşa (gestorben 1546), der Algerien und Tunis erobert und die Osmanen zur maritimen Großmacht gemacht hat. Ein martialisches Denkmal (errichtet 1949) steht gleich anbei. Auch das Marinemuseum ist nicht technik-, sondern kriegsgeschichtlich orientiert. Interessanter als die Ausstellung im Hauptgebäude mit vielen zum Teil sehr wertvollen Fahnen, Waffen, Dokumenten, Uniformen usw. ist das Hinterhaus mit Originalbooten, wie sie die Sultane benutzten, um über den Bosporus zu fahren. In diesem Gebäude zeigt man auch einen Teil der Kette, mit der die Byzantiner 1453 versuchten, das Goldene Horn gegen die Osmanen zu sperren. Die Osmanen zogen dann ihre Schiffe über Land. Im Garten ist ein erst kürzlich geborgenes deutsches U-Boot aus dem Ersten Weltkrieg zu besichtigen.

Beşiktaş Meydanı, Beşiktaş; Verkehrsknotenpunkt mit Bootsanlegestelle; Mo–Fr 9.30–12.30, 13.30–17 Uhr; Eintritt 1 €

### Halı ve Kilim Müzesi (Teppichmuseum) ┈┈→ S. 119, D/E 19

Welcher Gegenstand wird wohl am schnellsten mit »Türkei« assoziiert? – Eben, der Teppich! Die gewebten (Kelim) und geknüpften Teppiche stammen meist aus Moscheen, aus denen sie die Stiftungsverwaltung entfernen ließ, um sie durch seelenlose Auslegeware zu ersetzen. Nur die allerbesten Stücke können im Museum gezeigt werden, der Rest verrottet in Depots.

Sultanahmet Camii Yanı; Tramhaltestelle Sultanahmet, Buslinie 210; Di–Sa 9–12 und 13–16 Uhr; Eintritt 2,20 €

### İstanbul Modern ┈┈→ S. 114, C 11

Reichhaltige Sammlung der türkischen Moderne in einem zum Museum umgebauten Zolldepot. Werke von den osmanischen Orientalisten (Osman Hamdi) bis in die Gegenwart. Ein modernes Museum auch, was Präsentation und Rahmenprogramm angeht.

Meclis-i Mebusan Cad. Liman Sahası An-

trepo No: 4 Karaköy, Tramhaltestelle Tophane; www.istanbulmodern.org;
tgl. außer Mo 10–18, Do bis 20 Uhr;
Eintritt 3 €, bis 14 Uhr gratis

## Mozaik Müzesi (Mosaikenmuseum)
····⟩ S. 119, D/E 20
Vom Großen Kaiserplatz von Byzanz
ist fast nichts erhalten; er ist abgetra-
gen, überbaut, verschüttet. Als man
nachgrub, fand man aber Mosaiken,
die nun in einer restaurierten Basar-
gasse des 17. Jh. hinter der Sultan-
Ahmed-Moschee beinahe am Origi-
nalort präsentiert sind. Die Bilder zeigen ländliche Szenen, Jagden, Motive
der antiken Mythologie in höchster
künstlerischer Vollendung.
Arasta Çarşısı İçi, Sultanahmet; Tramhaltestelle Sultanahmet, Buslinie 210;
Mi–Mo 9.30–17 Uhr; Eintritt 2,20 €

## Resim ve Heykel Müzesi (Museum der Bildenden Künste) ····⟩ S. 115, F 9
Auf Befehl Atatürks 1937 gegründet,
ist dies die beste Sammlung türkischer Malerei und Skulptur seit spät-
osmanischer Zeit; nur eine kleine
Auswahl ist zugänglich. Untergebracht im Thronfolgerflügel des Dol-
mabahçe-Palastes, sind vor allem
Bilder aus der Übergangszeit vom
Osmanischen Reich zur Republik zu
sehen – auch Werke des letzten osmanischen Kalifen Abd ül-Mecid
(1922–24) werden gezeigt.
Dolmabahçe Sarayı, Beşiktaş (Eingang
gegenüber der Ecke Şair Nedim Cad.); Buslinie 210; Mi–So 10–16.30 Uhr; Eintritt frei

## Sadberk Hanım Müzesi ····⟩ S. 85, b 2
In einer Ufervilla aus dem 19. Jh. vom
Industriellen Vehbi Koç in Andenken
an seine Frau errichtetes Privatmu-
seum – das erste des Landes. Die
Ausstellung umfasst Antiken und Ke-
ramik, der eigentliche Schwerpunkt
ist aber osmanisches Kunsthand-
werk. Ganze Interieurs geben einen
Eindruck von gehobener osmanischer
Lebensweise.
Azaryan Yalısı, Piyasa Cad. 27–29,
Büyükdere; tgl. außer Mi 10–17 Uhr; Ein-
tritt 3,50 €

## Türk ve İslâm Eserleri Müzesi (Museum für türkische und islamische Kunst) ····⟩ S. 119, D 19
Der Palast, den İbrahim Paşa, der
Freund und Großwesir Süleymans des
Prächtigen, sich 1524 anlässlich der
Heirat mit einer Tochter des Sultans

*Istanbuls Museen bieten eine reiche Palette exzellenter Goldschmiedearbeiten.*
*Absolut sehenswert ist die Kunsthandwerks-Sammlung im Sadberk Hanım Müzesi.*

*Die Istanbuler Galerien bieten modernen türkischen Künstlern ein Forum.*

direkt am Hippodrom errichten durfte, erinnert entfernt an einen italienischen Stadtpalazzo. Die ausgedehnten Baulichkeiten seines Palastes wurden nach seiner Ermordung 1536 zu Verwaltungszwecken, als Depot, Archiv, Militärschneiderei und Gefängnis genutzt. Erst 1983 wurden spätere Umbauten beseitigt und das Gebäude als Museum für türkische und für islamische Kunst wieder eröffnet.

Ausgestellt sind die erlesensten Stücke einer Sammlung von 40 000 Objekten: Steinmetzarbeiten, Keramik, metallene Gefäße, Schnitzereien, Handschriften, Teppiche aus verschiedenen muslimischen Reichen vom frühen Mittelalter bis ins 19. Jh., vor allem aber aus Anatolien. Diese exzellente Sammlung wird durch eine ethnografische Ausstellung ergänzt, in der mit Originalkostümen und -gegenständen das Leben in einem Bauernhaus am Berge Yunt, in einem Nomadenzelt, im Wohnzimmer einer Familie in Bursa oder einem Istanbuler Salon des 19. Jh. dargestellt ist.

Atmeydanı, Sultanahmet; Tramhaltestelle Sultanahmet, Buslinie 210; Di–So 10–17 Uhr; Eintritt 2,20 €

### GALERIEN

**Evin Sanat Galerisi**   ⋯⟩ S. 85, b 3
Professionelle Galerie mit oft mehrere Ausstellungen gleichzeitig.
Bebek Deresi Sk. 13, Bebek 34342; Dampfer- und Bushaltestelle Bebek; Tel. 2 65 81 58; www.evin-art.com; tgl. 11–19 Uhr

**İstanbul Fotoğraf Merkezi**
⋯⟩ S. 114, A 10
Zentrum für Fotografie mit Ausstellungen, Kursen und anderen Aktivitäten.
Tarlabaşı Bulvarı 272, Beyoğlu; Bushaltestelle Ömerhayyam; Tel. 02 12/2 38 11 60, 2 38 93 58; www.istanbulfotografmerkezi.com

**Milli Reasürans** ⋯⟩ S. 114, nördl. C 9
Bekannte Galerie mit zeitgenössischer türkischer und internationaler Kunst.
Teşvikiye Cad. 43/57, Teşvikiye; Metrostation Osmanbey; Tel. 02 12/2 30 19 76; www.millireasuranssanatgalerisi.com

**Platform Garanti** ⋯⟩ S. 114, B 11
Vom bekannten Kurator Vasıf Kortun geleitetes avantgardistisches Zentrum für zeitgenössische Kunst.
İstiklâl Cad. no: 136, Beyoğlu; Tramhaltestelle Galatasaray; Tel. 02 12/2 93 23 61; Di–Do 13–20, Fr und Sa 13–22 Uhr; platformgarantienglish.blogspot.com

**TEM Sanat Galerisi**
⋯⟩ S. 114, nördl. C 9
Eine der größten Privatgalerien.
Valikonağı Cad., Prof. Dr. Orhan Ersek Sok. 44/2, Nişantaşı; Metrostation Osmanbey; Tel. 02 12/2 47 08 99; www.temartgallery.com

**Yapı Kredi Galerisi** ⋯⟩ S. 114, B 10
Aktuelle Verkaufsausstellungen und Exponate aus der Sammlung der die Galerie betreibenden Bank.
İstiklâl Cad. 285–287, Beyoğlu; Tramhaltestelle Galatasaray; Tel. 02 12/2 56 35 90

# MERIAN *live!*-QUIZ

## Um wen, was oder welchen Ort geht es hier?

Mit einer Nadel einen Brunnen graben. Diese Formulierung aus dem Türkischen verwendete der Istanbuler Schriftsteller Orhan Pamuk in seiner Nobelpreisrede (2006). Er meinte damit die Mühe, die das Schreiben bedeutet, wie jede Arbeit, die nicht immer leicht von der Hand geht.

Auch Roms Bauzeit dauerte bekanntlich länger als einen Tag, ebenso die Ostroms. Allein für den Yerebatan Sarayi, Justinians unterirdische Zisterne, brauchte es sicher mehr als eine Nadel. Für das gesuchte Gebäude gilt das nicht minder. Darin (unweit der Galatabrücke, auf der stets viele Angler stehen) ging es einmal um einen Fischzug besonderer Art. In einem Filmklassiker.

Charmante Schufte stehlen einen kostbaren Sultansdolch, der sich in dem weitläufigen Bauwerk befindet. Nicht im Film, sondern tatsächlich werden dort des Propheten Mohammed Barthaare verwahrt. Der reguläre Zutritt ins Innere der Immobilie führt u. a. durch ein Bab üs-Saadet, ein Glückseligkeitstor. Die Helden wählen das Dach.

Mit einem Trapezakt (wie später in Mission: *Impossible*) wird der Dolch gegen eine Attrappe getauscht. Hitchcock, hier nicht Regisseur, dürfte geschmunzelt haben: Ein durch die Dachluke eingeflogener Vogel landet nach dem Coup auf dem alarmierenden Boden der Tatsachen. Operation gelungen, Gang verhaftet. – Da Bauwerk, Film und (deutschsprachige) Romanvorlage gleich heißen, dürfte dies keine Suche nach der Nadel im Heuhaufen sein. Oder?

Felix Woerther

*presented by*

# Spaziergänge und Ausflüge

*Seit dem 19. Jahrhundert überspannt die Galatabrücke das Goldene Horn und verbindet die Halbinsel, auf der sich einst Konstantinopel erstreckte, mit dem Hafenviertel von Galata (→ S. 74). Nach einem Brand wurde sie 1992 zweistöckig wieder aufgebaut.*

Alte Städte sind nicht für Autos gemacht: Gerade abseits der Touristenpfade macht es Spaß, Istanbul zu Fuß und auf eigene Faust zu entdecken! Lassen Sie sich (ver-)führen!

# Zum Pilgerziel Eyüp – dem frommsten Viertel Istanbuls

**9**

**Charakteristik:** Eyüp ist das spirituelle Zentrum der Stadt. Unternehmen Sie diesen Spaziergang am besten freitags, wenn besonders viel Pilgerverkehr ist. **Dauer:** 1–2 Stunden, bei Friedhofsbesuch länger, verschiedene Mausoleen auf dem Weg sind tgl. außer Mo von 9.30 bis 16.30 Uhr geöffnet; **Länge:** ca. 5 km; **Einkehrmöglichkeiten:** Arasta Café, Lokmacı İbrahim Sok.; Tel. 5 65 55 64, oder, wenn man den Aufstieg durch den Friedhof macht, mit großartigem Blick Café Pierre Loti, Karyağdı Sok.; Tel. 5 81 26 96; **Karte:** ⸱⸱⸱⤳ S. 71

Am Ende des Goldenen Horns, außerhalb der alten Stadtmauer, liegt ein Istanbuler Stadtteil, der als der viertheiligste Ort des Islams betrachtet wird: Eyüp, so benannt nach Ayyub al-Ansarî, dem Fahnenträger des Propheten Mohammed, den die Türken eben Eyüp nennen. Er soll hier gefallen sein, als die Araber 674 bis 678 erstmals Konstantinopel belagerten. Bei ihrem Abzug verpflichteten sich die Byzantiner, das Grab zu pflegen – so konnte es Mehmed II. nach der Eroberung der Stadt 1453 unter großem Propaganda- und Wunderaufwand auffinden lassen. Eyüp wurde von nun an zu dem Ort, an dem sich osmanische Sultane zum Beginn ihrer Herrschaft mit dem Schwert Osmans gürten ließen.

Bis heute ist Eyüp deswegen ein Pilgerziel, und fromme Istanbuler besuchen das Grab, um Anlässe wie die Geburt oder Beschneidung eines Kindes zu feiern, um Schutz oder Heilung zu erbitten oder für die gesunde Rückkehr von einer Reise zu danken. Vor allem freitags, zur Zeit des großen Mittagsgebetes, ist das Viertel sehr lebhaft; dann lohnt ein Besuch besonders. Weil die Menschen strenggläubig sind, sollte der Besucher auf Kleidung achten, die nicht als anstößig empfunden werden kann.

Eyüp Meydanı ⸱⸱⸱⤳ Eyüp Camii

Wir beginnen unseren Besuch am Hauptplatz, dem **Eyüp Meydanı**, in dessen Nähe auch die Busse halten. Gleich hier liegt auch die **Eyüp Camii**,

die Moschee, die 1798 bis 1800 von Selim III. völlig neu errichtet wurde, nachdem ein Erdbeben den Bau Mehmeds des Eroberers zerstört hatte. Man betritt die Anlage von dieser Seite durch einen unregelmäßig geschnittenen Vorhof. Er ist sehr belebt, es wimmelt von Tauben und Menschen. So wie dieser Platz sahen bis vor einigen Jahrzehnten Moscheehöfe normalerweise aus: mehr öffentlicher Platz als heiliger Ort.

Heilig wird es aber im von einigen wunderschönen alten Bäumen bestandenen Innenhof der Moschee. Links liegt das **Grab Eyüps**. Das Mausoleum ist im Kern immer noch der achteckige Bau, den Mehmed der Eroberer errichten ließ. Doch immer wieder wurde angestückt und ausgeschmückt. Unter Ahmed I. (1603–1617) etwa entstand der fliesengeschmückte Vorbau in den Moscheehof hinein, der heute mit einem großen Baum zusammen die Stimmung an diesem Ort ins Märchenhafte verrückt.

Der gleiche Sultan ließ auch den »Schicksalsbrunnen« gleich am Fußende des Kenotaphs Eyüps ausheben. Es handelt sich natürlich um die oberflächlich islamisierte Variante einer griechisch-orthodoxen heiligen Quelle. Die Tatsache, dass im Auftrag des Herrschers an exponierter Stelle ein solches, eher unorthodoxes Element eingefügt wurde, zeigt auf eindrucksvolle Weise, wie sehr die verschiedenen Religionen sich in der

Türkei beeinflusst haben. Vom Eingangsbereich abgesehen, ist das Äußere der **Türbe** (des Mausoleums) schlicht, das Innere aber wurde im Lauf der Jahrhunderte immer prächtiger ausgeschmückt. Ein osmanisch-barockes massiv silbernes Gitter (Ende des 18. Jh.) schützt den Sarkophag vor Zugriff. Das Mausoleum ist tgl. außer Mo von 9.30 bis 16.30 Uhr geöffnet.

**Eyüp Camii ⸱⸱⸱⸱▷**
**Mausoleum Adile Sultans**

Wir verlassen den Moscheehof durch den anderen, nördlichen Ausgang und gehen zwischen Mausoleen und Gräbern geradeaus weiter. Eyüp ist eine Stadt der Gräber, denn in der Nähe Ayyub al-Ansarîs begraben zu sein, bedeutete, sich in den Schutz dieses Gefährten des Propheten zu begeben. Linker Hand liegt alsbald

ein größerer Baukomplex. Als Erstes sieht man ein **Mausoleum**, dessen Fassade etwas großflächig wirkt. Hier ruht die Mutter Selims III., der ja die Moschee hatte neu erbauen lassen. Auf diese **Mihrişah Sultan** geht auch die Armenküche (»imaret«) zurück, die sich an ihr Mausoleum anschließt. Diese Einrichtung ist bis heute in Betrieb. Stets ist Fleisch vorhanden, denn fromme Pilger, die ein Opfertier hier in Eyüp schächten (rechts hinter der Armenküche), stellen es dieser Stiftung zur Verfügung.

Verlassen wir die Armenküche und gehen weiter Richtung Goldenes Horn! Auf der linken Seite sieht man die elegante **Bibliothek Hüsrev Paşas**, rechts das **Mausoleum Adile Sultans**. Diese Tochter Mahmuds II., die 1826 bis 1899 lebte, war eine der interessantesten Frauen der osmani-

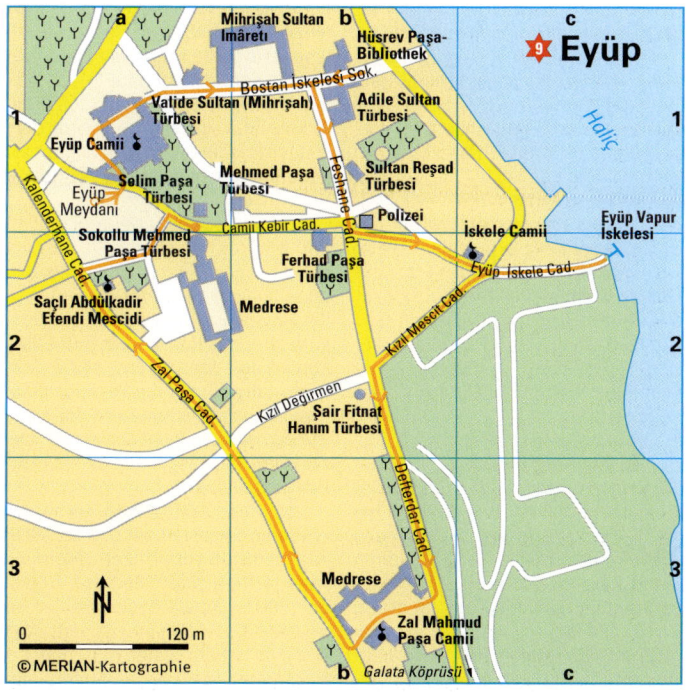

schen Familie und die einzige, die eine größere Gedichtsammlung hinterlassen hat. Solange ihr Mann, der Großwesir Mehmed Ali Paşa, lebte, nahm sie am öffentlichen und politischen Leben teil und lockerte damit die strengen Regeln, die höher gestellte Frauen aus der Öffentlichkeit verbannten. In ihren letzten Jahren wurde sie eine wichtige Wohltäterin und ein einflussreiches Mitglied des Derwischordens der Nakşbendiye.

Mausoleum Adile Sultans ⋯⃗

Eyüp Vapur İskelesi

Statt zum Wasser zu gehen, wenden wir uns zurück nach links in die Feshane Caddesi. Wieder stehen rechts und links der Straße Mausoleen und Gräber, darunter links die einzige Türbe eines osmanischen Sultans in Eyüp. Es handelt sich um Mehmed V. Reşad, den vorletzten Herrscher, der 1918 verstarb.

Bei der Polizeistation biegen wir nach links in die Eyüp İskele Caddesi und gehen an einer kleinen Moschee vorbei. Sie ist eine Stiftung des Haci Mahmud Aga von 1577, heißt aber nur İskele Camii (Moschee der Anlegestelle) oder Kaptan Paşa Mescidi, weil ein Marineminister sie um das Jahr 1900 gründlich erneuern ließ. Bald hinter ihr kommen wir bei der Bootsanlegestelle Eyüp Vapur İskelesi ans Wasser und an einen Platz mit kleiner Grünanlage. Die Holzhäuser des Viertels sind zum Teil schon sehr verfallen. Dennoch ist dies eine der letzten Gegenden, in der diese alte Istanbuler Wohnarchitektur noch erhalten ist.

Eyüp Vapur İskelesi ⋯⃗

Zal Mahmud Paşa Camii

Wir kehren um und halten uns bei der Weggabelung links, biegen dann bei der Defterdar Caddesi wieder nach links. An der Ecke zur Kızıl Değirmen Sokak liegt die Türbe einer weiteren berühmten Osmanin, der Dichterin (»şair«) Fitnat, die aus einer der führenden Gelehrtenfamilien des 18. Jh. stammte. Wir folgen weiter der Def-

terdar Caddesi und betreten bei der Nummer 30 den unteren Hof eines interessanten Komplexes (Zal Mahmud Paşa Camii), der im Jahr 1578 von Sinan für den Wesir Zal Mahmud erbaut wurde. Wieder ist es dem Architekten gelungen, aus der Schwierigkeit des unebenen Geländes eine ästhetisch befriedigende Lösung abzuleiten: Zwei Medresen mit L-förmigem Grundriss, die zum Komplex gehören, sind halb übereinander gebaut. Die asymmetrische Position der größeren Unterrichtsräume bringt optisch Bewegung in die Anlage; überdies wird sie von einer Moschee gekrönt, deren Mauerwerk abwechselnd weiß und rot ist.

Zal Mahmud Paşa Camii ⋯⃗

Eyüp Meydanı

Wir treten aus dem oberen Hof und gehen nach rechts die Zal Paşa Caddesi wieder Richtung Hauptplatz. An der linken Straßenseite stehen jetzt moderne Wohnhäuser, rechts verfallene historische Holzhäuser und Gräber. Gerade vor dem Hauptplatz kommen wir an die Saçlı Abdülkadir Efendi Mescidi aus dem 16. Jh. Auf dem kleinen Friedhof neben ihr liegt unter anderem der osmanische Historiker Hoca Sa'd üd-Din.

Zurück auf dem Hauptplatz halten wir uns gleich rechts. An der nächsten Ecke liegt in einem kleinen, unauffälligen Grab der bedeutende Rechtsgelehrte und oberste Rechtsgutachter des Reiches Şeyh ül-İslâm Ebu's-Suud Efendi. Erst seine Gutachtertätigkeit hat die Regierung Süleymans des Prächtigen zu der eines »Gesetzgebers« gemacht, als der dieser Herrscher noch heute bei den Türken bekannt ist.

In einer achteckigen Türbe mit schönem Steinwerk an den Fenstern liegt der Großwesir Sokollu Mehmed Paşa neben einer Medrese begraben, die heute als Gesundheitsstation dient. Es ist bemerkenswert, dass er nicht neben seiner Moschee (→ S. 52), wie sonst üblich, sondern hier

*Das Grab Eyüps, des Fahnenträgers Mohammeds, ist ein bedeutendes Pilgerziel.*

bestattet ist. Beide Bauten sind wiederum Entwürfe Sinans.

Eyüp Meydanı ⋯⋙ Camii Kebir Caddesi
An dieser Stelle beginnt die **Camii Kebir Caddesi**. An einem Ort wie Eyüp blüht natürlich der Devotionalienhandel und – weil traditionell Pilgerfahrt und Familienausflug zusammengehören – auch der mit Spielzeug. Der Abschluss eines solchen Spaziergangs mit einem kleinen Einkauf ist deshalb durchaus angemessen. Berühmt sind die tönernen Pfeifen, die, mit etwas Wasser gefüllt, ganz hübsche Töne von sich geben – ein nettes Mitbringsel, vor allem für Kinder.

Hier endet unser Spaziergang, der mindestens eine Stunde dauert. Wer will, kann noch weiterbummeln. Wenn man hinter der Moschee Richtung Norden weitergeht, kommt man auf einen bis heute benutzten Friedhof. Berühmtheiten wie der Komponist Zekâî Dede oder Fevzi Çakmak, ein Marschall des Befreiungskrieges, sind hier bestattet. Zugleich ist solch

ein alter Friedhof ein Museum der Kalligrafie, denn eine schöne arabische Schrift gehörte nun einmal auf einen guten Grabstein. Außerdem sind die Kopfbedeckungen äußerst reizvoll, die den größeren der beiden Steine solcher Gräber schmücken und den Rang des Toten bzw. seine Zugehörigkeit zu einem Derwischorden bezeichnen.

Ein gut ausgeschilderter Weg führt durch diesen Friedhof schließlich zu einem berühmten Aussichtspunkt. Da, wo heute das **Café Pierre Loti** steht, soll dieser spätromantische Schriftsteller den Blick über Istanbul genossen haben. Wenn nicht zu viel Smog über der Stadt liegt, ist die Aussicht nach wie vor bemerkenswert. Aber wer über genug Fantasie verfügt, stellt sich die Aussicht zu Zeiten Lotis vor und wird zu der Erkenntnis kommen, dass sich das Bild der Stadt durch ihre Modernisierung nicht verschönert hat – genau so wie es der Schriftsteller einst vorhergesagt hatte.

# Galata – bunt, kosmopolitisch und von Künstlern neu entdeckt

**Charakteristik:** ein Bummel durch ein seit Jahrhunderten multikulturell geprägtes Handelsviertel; **Dauer:** 2 Stunden bis halber Tag; **Länge:** ca. 4 km; **Einkehrmöglichkeiten:** Galata Evi (Galatakulesi Sok. 61; Tel. 2 45 18 61; tgl. außer Mo); **Karte:** ⤳ S. 75

*Vom Galataturm (→ S. 49) bietet sich der beeindruckendste Blick über die Stadt.*

Wenn Eyüp das frommste Viertel Istanbuls ist (gewisse Teile Fatihs machen ihm in den letzten Jahren in dieser Hinsicht allerdings Konkurrenz), dann ist Galata das kosmopolitischste. Allerdings hat Galata schon bessere Tage gesehen.

Begonnen hat alles mit dem Vierten Kreuzzug. Nach der Eroberung der Stadt durch die Kreuzritter 1204 wurden die genuesischen Kaufleute vertrieben: Die Sieger waren von ihren Konkurrenten, den Venezianern, finanziert worden. Nach der Rebyzantinisierung der Stadt durch die Palaiologen 1261 schlug dann natürlich wieder die Stunde der Genueser, die ungewöhnliche Handelsprivilegien erhielten, darunter auch das Recht, eine eigene Siedlung gegenüber der eigentlichen Stadt am Goldenen Horn zu gründen. Dies eben ist Galata, das dann Mitte des 14. Jh. von einer Befestigungsmauer umgeben wurde, dessen wichtigster Teil, der Galataturm (→ S. 49), bis heute erhalten ist.

Nach der osmanischen Eroberung der Stadt im Jahr 1453 war es mit der Autonomie der Genueser bald vorbei. Aber die Kaufleute blieben; ohne ihre Verbindung zur Heimat aufgeben zu müssen, erhielten sie einen Status als osmanische Händler und durften ihre Gemeindeangelegenheiten selbst regeln. Zu den katholischen Kaufleuten, die bald aus Florenz zuzogen, kamen auch Griechen, Armenier, Juden und natürlich Türken, dazu arabische Flüchtlinge aus Spanien und die europäischen Gesandten mit ihrem Gefolge. In dieser Zeit begann man auch, Gartenvillen im Norden Galatas anzulegen: Dies war der Beginn einer Entwicklung, die während des 19. Jh. das eigentliche Zentrum der Stadt an die **Grand rue de Péra** (İstiklâl Caddesi) rücken ließ.

Im 19. Jh. war Galata mit seinen Banken, Handelshäusern und dem unter ausländischer Kontrolle stehenden Hafen das kommerzielle Herz der Stadt. Damals entstanden auch jene großartigen Wohnblöcke, die heute oft so erbärmlich verfallen. Das 20. Jh.

hat Galata böse mitgespielt. Die auf großzügigeren Grundstücken neu angelegten Viertel Nişantaşı, Osmanbey und Şişli liefen Galata den Rang ab, das zu einem minder attraktiven Hafen- und Handelsviertel herabkam. Die Minderheiten, die bis in die 1920er-Jahre hier in der Mehrheit gewesen waren, wanderten zum großen Teil ab und kehrten höchstens an ihren Feiertagen in ihre Gotteshäuser zurück. Wenig urbane Zuwanderer vom Lande nahmen ihren Platz ein. Erst neuerdings wird wieder etwas für das Viertel getan, die Denkmalpflege beginnt sich ernsthaft zu interessieren, und verschiedene Künstler ziehen wieder zu. Da Galata an einem stark abschüssigen Hang liegt (bis zum Anfang des 20. Jh. war die Einkaufsstraße Yüksekkaldırım deswegen nichts anderes als eine breite Treppe), tut man gut daran, den Spaziergang an einem hoch gelegenen Punkt zu beginnen.

### Tünel ⇢ Şahkulu-Moschee
Am besten, wir starten am Vorplatz des **Tünel** (→ S. 59, ⇢ S. 114, A 11), der alten Untergrundbahn von 1874.

Hier ist der Übergang von Beyoğlu nach Galata, hier beginnt die Istiklâl Caddesi mit den Geschäften und Konsulatsgebäuden, und hier endet das Wohn- und Geschäftsviertel Galata mit seinen engen Gassen. Der Platz ist auf dem Wege, richtig schön zu werden; das Gebäude des Tünel ist bereits renoviert, erste Cafés machen auf, und Antiquitätenhändler siedeln sich an.

Von hier gehen wir die Galip Dede Caddesi hinab. Im oberen Teil dieser Straße haben sich Musikalienhandlungen angesiedelt, nicht nur **Lale** (→ S. 27), der wohl beste Plattenladen der Stadt, sondern auch Geschäfte, die Musikinstrumente im Angebot haben. Für diese Gruppe von Geschäften ist die Gegend außerordentlich gut gewählt, denn das wichtigste historische Gebäude der Straße ist das **Galata Mevlevîhanesi**, dessen Eingang auf der linken Straßenseite liegt. Und die »Tanzenden Derwische« der »mevleviye« waren ja eine der Bevölkerungsgruppen, die für die osmanische Musik am meisten getan haben.

Der Orden bildete eine literarisch gebildete, urbane und insofern tendenziell weltoffene Elite. Ihm gehörten einige der wichtigsten Literaten, Komponisten und Politiker der osmanischen Geschichte an. Als 1925 der Derwischorden verboten wurde, traf das die Mevleviye besonders hart, denn sie konnte im Untergrund kaum überleben, brauchte den halb offenen Diskurs. Ihr Verschwinden bedeutet für den türkischen Islam bis heute den Verlust eines wichtigen intellektuellen Potenzials (tgl. außer Di 9.30–16.30 Uhr).

Gut 50 m weiter liegt rechter Hand die kleine **Şahkulu-Moschee**, deren tiefgrüne Bemalung sofort auffällt. Sie ist ein typisches Beispiel für einen Derwischkonvent, der durch Umbauten zu einer Viertelsmoschee geworden ist. Nebenräume wurden an den Gebetsraum angeschlossen, doch die Architektur wehrt sich gegen die Umwandlung. Das Innendekor stammt aus dem 19. Jh.

**Şahkulu-Moschee** ⸺⸽ **Galataturm**
Wir biegen rechts in die Tımarcı Sokak ein. Hier stehen, anders als in der Galip Dede Caddesi mit ihren meist bescheidenen Wohnhäusern, sehr schöne **Stadthäuser des 19. Jh.** Eine Galerie bietet alte und neue Kalligrafie und Miniaturen an, ansonsten warten diese Straßenzüge auf restauratorisches Engagement. Am Ende der kleinen Gasse biegen wir kurz nach rechts, dann dreimal links ein und kommen auf die Küçük Hendek Sokak, die uns direkt zum Wahrzeichen Galatas, dem alten genuesischen **Turm**, führt. Natürlich gehört die Fahrstuhlfahrt nach oben unbedingt dazu, denn der Galataturm bietet nach wie vor den besten Blick über die Stadt, jedenfalls solange der Feuerturm auf dem Universitätsgelände unzugänglich bleibt (tgl. 8–21 Uhr, Eintritt 2 €).

Für den Platz um den Turm wurden Reste der genuesischen Befestigungen freigelegt und zur Gestaltung eines Platzes verwendet. Unbedingt sehenswert ist auch der großartige Brunnen mit seinem reichen Dekor, den man hier aufgestellt hat. Ursprünglich stand dieses **Bereketzade Çeşmesi** einige Straßen weiter. Trotz der nicht unbedingt gelungenen Restaurierung ist dieser Brunnen ein Meisterwerk der eleganten Tulpenzeit. Da Wasser aus ihm fließt, sorgt er dafür, dass der Platz hier immer belebt ist. Wunderhübsch ist auch das ganz einfache **Café Gündoğdu**, in dem man sommers unter rankendem Wein, winters in einer sehr originalen Teestube heiße oder kalte Getränke erhält. Nur wer ausgesprochenen Wert auf den Ausblick legt, sollte seine Rast in den teuren und arg touristischen Lokalen im Turm nehmen.

**Galataturm** ⸺⸽ **Doğan Apartmanları**
Bevor wir weiter nach unten bummeln, sollten wir noch einen Abstecher in die Serdar-ı Ekrem Sokak machen. Zwischen traurig heruntergekommenen und zum Teil für Kleinindustrie missbrauchten Wohnhäusern vom Anfang des 20. Jh. stehen hier nämlich die **Doğan Apartmanları**. Sie sind ein früher und besonders schöner Wohnbau auf einem Grundstück, auf dem 1865 bis 1870 die preußische Gesandtschaft residierte. Der heutige Bau stammt aus dem Jahr 1892, eine sechsstöckige Anlage, die einen hübschen Innenhof U-förmig umgreift und einen herrlichen Blick über die Istanbuler Meere bietet. Dieses Gebäude zeigt, wie Galata aussehen könnte, wenn man es nur einigermaßen gepflegt hätte, denn auch die Doğan Apartmanları hätten Reparaturen nötig.

**Doğan Apartmanları** ⸺⸽
**St-Pierre-et-Paul**
Zurück Richtung Turm und hinunter die Galata Kulesi Sokak! Dann die erste Straße links und gleich wieder rechts in die Berekatde Medresesi Sokak, so stehen wir zwischen europäischen Gebäuden, links dem österreichischen **St.-Georgs-Krankenhaus**,

rechts dem exzentrischen Bau des **Englischen Krankenhauses.** Die gebogene Fassade und das burgähnliche Aussehen machen es zu einem der merkwürdigsten Gebäude der Gegend!

Am Ende dieser Gasse führt eine hübsche Jugendstiltreppe auf die verkehrsreiche Voyvoda Caddesi mit ihren Banken und Versicherungen. Wir biegen vor der Treppe rechts ab und gehen am Rest des St.-Georgs-Komplexes (Schule und Kirche) vorbei und an der nächsten Ecke wieder in die Galata Kulesi Sokak, die mit ihren Oleander-Bäumen, der geputzten Fassade der Okçu-Musa-Schule und der weiß gestrichenen Kirche **St-Pierre-et-Paul** fast gar nicht mehr nach Galata passt. Nach draußen öffnet sich keine Fassade, aber der Innenhof mit seiner fast italienischen Stimmung ist einen Blick wert. Das Innere der Kirche, nur zu Messen (werktags 7 Uhr, sonntags 11 Uhr) und seltenen Konzerten geöffnet, ist ein hübsches Werk des Schweizer Architekten Fossati, der auch die Hagia Sophia restaurierte. Die früheste Erwähnung der Kirche stammt aber aus dem Jahr 1414.

St-Pierre-et-Paul ···⊱ Arap Camii

Wir gehen wieder zurück nach unten. Bevor wir nun aber tatsächlich die Vo-yvoda Caddesi erreichen, lohnt ein Blick auf den **Sen Piyer Hanı,** ein Handels- und Werkstattgebäude aus dem 18. Jh. Es steht rechter Hand in der **Eski Bankalar Sokak,** und an seiner Fassade sieht man das Lilienwappen der französischen Könige und ein weiteres, das dessen Botschafter **St. Priest** gehörte. Dieser hat das Gebäude 1771 als Handelshof für die französischen Levantekaufleute errichten lassen. Eine Gedenktafel besagt aber außerdem, dass auf diesem Grundstück 1762 **André Chénier** geboren sei. Damit hat die Ironie der Istanbuler Stadtgeschichte zwei politische Gegner vereint. St. Priest war eingefleischter Monarchist, Chénier, der als Sohn eines französischen Kaufmanns und einer griechischen Mutter hier zur Welt kam, ein revolutionärer Dichter, der 1794 dem Terror Robespierres zum Opfer fallen sollte.

Wir überqueren die Voyvoda Caddesi und gehen geradeaus weiter. Rechts biegen wir in die Galata Mahkemesi Sokak ein. Nach einiger Zeit öffnet sich rechts der Eingang in einen Hof. Das Gebäude, das von diesem Hof aus zu sehen und zu betreten ist, ist die sehenswerte **Arap Camii** (Arabermoschee), ursprünglich eine Kir-

*Stadtdampfer verbinden regelmäßig die wichtigsten Stadtteile an der Küste.*

*Lautstark rumpeln die alten Trambahnen über die belebte İstiklâl Caddesi.*

che des 14. Jh., deren Minarett auch einer der schönsten Kirchtürme der Stadt ist (→ S. 43).

Arap Camii ···⟩
Türk Musevileri Müzesi

Wir verlassen den Hof durch den anderen, sehr hübschen Ausgang und halten uns links, bis wir auf die viel befahrene **Tersane Caddesi** kommen. Wir überqueren sie und folgen ihr nach links bis zu einem Basargebäude, in dem heute Baubedarf verkauft wird. Mehmed der Eroberer soll Bauherr dieses Marktgebäudes gewesen sein, was aber nicht urkundlich belegt ist. Es ist ein typisches Beispiel für frühe Bauten dieser Art, mit Ladenzeilen (zur Straße hin abgerissen) und einem Innenraum, dessen neun Kuppeln von vier Pfeilern getragen werden.

Wir überqueren die Tersane Caddesi bei der Ampel und gehen auf der anderen Straßenseite am unteren Eingang des Tünel vorbei, dann links in die Perçemli Sokak. Hier ist in der ehemaligen Zülfaris-(»Brautlocken«-)Synagoge ein **Museum des** türkischen Judentums (Türk Musevileri Müzesi) untergebracht, mit Ausstellungsstücken zu Ritus, Folklore und Geschichte (Mo–Do 10–16, Fr, So 10–14 Uhr; Eintritt 2 €).

Türk Musevileri Müzesi ···⟩ Karaköy

Wir gehen zurück auf die Tersane Caddesi, dann nach links, in das Untergeschoss mit Dutzenden von Telefon- und Elektronikläden. Wir folgen dem Schild »Perşembepazarı« und sind jetzt am Ufer des Goldenen Horns. Wer will, bummelt über den Fischmarkt und durch den kleinen Park am Ufer. Noch verlockender ist ein Tee in einem der Restaurants unter der Brücke. Schwer zu entscheiden, welche Seite die schönere Aussicht bietet. Unter der Brücke hindurch geht es auf die Rıhtım Caddesi mit ihren Dampferanlegestellen, Straßencafés und Straßenverkäufern – ein volkstümlicher Boulevard mit einigen schönen Ufergebäuden. Am Ende der Straße, am Taxistand, biegen wir links um die Ecke in die **Kemankeş Caddesi** und steigen gleich gegenüber rechts ein paar Stufen hinunter in die »Unterirdische Moschee« (Yeralti Cami).

Uns empfängt eine Halle mit niedriger Decke, voll gestellt mit dicken Pfeilern. Erst auf den zweiten Blick bemerkt man, dass dieser Keller als eine Moschee benutzt wird: Teppiche und eine etwas lieblos gestaltete Gebetsnische weisen deutlich darauf hin. Ursprünglich diente diese Halle als Keller des Kastells, an dem die Byzantiner ein Ende der Kette befestigt hatten, mit der sie das Goldene Horn gegen die osmanische Flotte sperrten. Dass ausgerechnet dieser eigentlich so ungeeignete Raum zur Moschee wurde, hat mit den Gräbern legendärer arabischer Glaubenskämpfer zu tun, die hier aufgefunden wurden und dem so wenig muslimischen Galata islamischen Glanz verliehen.

Der Spaziergang ist vom Verkehrsknotenpunkt **Karaköy** leicht in verschiedene Richtungen fortzusetzen.

# Das unbekannte Istanbul – von Lâleli zur Galatabrücke

> **Charakteristik:** Abseits der gewohnten Pfade führt Sie dieser Spaziergang von der Tulpenmoschee bis zum Ägyptischen Basar; **Dauer:** mindestens ein halber Tag; **Länge:** ca. 10 km; **Einkehrmöglichkeiten:** Darüzziyafe (Şifahane Cad. 6, Süleymaniye; Tel. 5 11 84 14; www.daruzziyafe.com.tr; tgl. geöffnet); **Karte:** ····> S. 79

Auf jeder ausführlicheren Reise nach Istanbul lernt man die Hauptachse zwischen dem Hippodrom und Aksaray ganz von selbst besser kennen, jene alte Hauptstraße, die bei den Byzantinern »mese« hieß, bei den Osmanen »divanyolu«. Etwas anders steht es schon mit dem Gewirr der Nebenstraßen. Deswegen die Einladung zu diesem Spaziergang.

### Lâleli Camii ····> Taşhan

Startpunkt ist die **Lâleli Camii** (····> S. 118, A 19), die »Tulpenmoschee«, die an der Ordu Caddesi etwas westlich des Beyazıt-Platzes liegt. Der Name scheint zu besagen, dass der Bau aus der Tulpenzeit zu Beginn des 18. Jh. stammt. Tatsächlich ist er ein halbes Jahrhundert jünger und wurde 1763 nach vier Jahren Bauzeit fertiggestellt. Die Moschee ist eine interessante Auseinandersetzung mit dem osmanischen Architekturkanon des 16. Jh., der einige Jahre zuvor durch die **Nuruosmaniye Camii** schon fast über den Haufen geworfen worden war. Die Moschee ist auf einem Marktgebäude errichtet, mit einem Hof, der größer als der Gebetsraum ist, und auffälligen Galerien. Obwohl die Raumorganisation im Prinzip den alten Grundsätzen treu bleibt, wirkt die Moschee innen höher, als sie ist. Dadurch und im Zusammenspiel mit dem barockisierenden Dekor erinnert sie an eine Kirche.

Wir gehen die Fethibey Caddesi entlang. Gegenüber der Moschee steht ein Luxushotel, das einen ganzen Block ausfüllt. Ursprünglich waren die Wohngebäude dieses Blocks für die Opfer eines Stadtbrandes gedachte Sozialwohnungen der frühen 1920er-Jahre und ein schönes Beispiel für eine urbane Architektur hoher Qualität, wie sie sich in Istanbul leider nicht durchgesetzt hat. Weiter hinauf in der Fethibey Caddesi auf der linken Seite steht der so genannte **Taşhan** (Steinerne Karawanserei), ein Werk des Architekten Mehmed Tahir Ağa, der auch die Lâleli Camii entworfen hatte.

Şehzade Camii ⸱⸱⸱⟩
Kalenderhane Camii

Am Ende der Straße gehen wir erst kurz links, dann rechts und überque-

ren die breite Şehzadebaşı Caddesi. Während sich links der große Moscheekomplex der **Şehzade Camii** (→ S. 52) erhebt, ist das Gebäude, das den Besucher mit einem wunderschönen Brunnen an der Ecke begrüßt, wieder ein kleines Meisterwerk des 18. Jh., diesmal aber tatsächlich der Tulpenzeit. Der Großwesir und Schwiegersohn Ahmeds III., Damad İbrahim, hat hier ein »Dar ül-Hadis«, eine Schule für das Studium der Überlieferungen von Muhammads Worten und Taten, einrichten lassen. Heute wird der Unterrichtsraum als Moschee genutzt.

Von hier machen wir einen Abstecher zu einem der am gründlichsten erforschten byzantinischen Gebäude der Stadt. Wir gehen hinter dem Dar ül-Hadis die Darülelhan Sokak entlang und biegen an deren Ende nach links. Sogleich ist hinter einem Studentenwohnheim und einer Dolmuş-Station unter dem Ende des **Valens-Aquädukts** (→ S. 47) eine nur zu Gebetszeiten geöffnete Moschee zu sehen, die **Kalenderhane Camii**. Es ist nicht bekannt, wem die ehemalige Kirche ursprünglich geweiht war, aber nachdem eine Ikone hierher gebracht

*Das Gelände der Universität von Istanbul liegt direkt hinter der Süleymaniye (→ S. 53).*

*Der Valens-Aquädukt (→ S. 47), dessen türkischer Name soviel bedeutet wie »Bogen des Grauen Falken«, ist Teil einer noch von den Osmanen benutzten Wasserleitung.*

worden war, wurde sie nach dem Jahr 843 der Gottesmutter gewidmet.

Bei Ausgrabungen fand man nicht nur das **älteste byzantinische Mosaik** der Stadt überhaupt, das noch aus der Zeit von vor dem Bilderstreit stammte, und ein Marienbildnis, sondern die ältesten Fresken überhaupt, die das Leben des heiligen Franziskus zum Thema hatten (um 1250, eine Generation nach dem Tode des Heiligen) – während der Lateinerzeit nach dem Vierten Kreuzzug war die Kirche zwischenzeitlich Franziskuskloster. All diese Bildnisse sind inzwischen ins Archäologische Museum gebracht worden (werden dort allerdings nicht ausgestellt), aber auch die Architektur des Baus lohnt einen Besuch.

**Kalenderhane Camii** ···▶
**Mausoleum Şeyh Vefas**

Wir gehen unter dem Valens-Aquädukt hindurch und die Kovacılar (Cemal Yener Tosyalı) Caddesi nach links. Gleich an der Ecke steht ein osmani-

sches Schulhaus. In dem unteren Stockwerk lebte der Lehrer, oben wurde unterrichtet. Wir gehen diese Straße entlang, vorbei an der Medrese Ekmekçizade Ahmed Paşas aus dem 17. Jh., und biegen nach rechts in die Vefa Caddesi ein. Nach einigen Schritten sieht man auf der linken Straßenseite ein Geschäft, das der Stammsitz des stadtbekannten **Vefa Bozacısı** ist. Bei »boza« handelt es sich um ein nur im Winter übliches, dickflüssiges Getränk aus fermentierter Hirse. Im Sommer verkauft der Laden »şıra«, ein Getränk, das aus Rosinen gewonnen wird.

**Mausoleum Şeyh Vefas** ···▶
**Süleymaniye Camii**

Etwas weiter gehend, gelangt man zum **Mausoleum Şeyh Vefas**, der dem Viertel seinen Namen gab. Dieser Gelehrte und Mystiker aus Konya siedelte sich bald nach der Eroberung in Istanbul an, wo seine Wohltaten ihm eine bis heute anhaltende, durch

Legenden verklärte Verehrung verschafften. Die Türbe des 1491 verstorbenen Mannes steht in der Nähe seiner Stiftung, die aber durch Abrisse und Umbauten entstellt ist. Vor dem Mausoleum kehren wir um und gehen in die Molla Şemsettin Camii Sokak hinein, die uns zu einer wunderschönen, bald nach der Eroberung in die Moschee Şems üd-Din Güranîs umgewandelten Kirche führt, der **Kilise Camii**. Der Bau stammt aus dem 10. Jh., und in der vier Jahrhunderte später eingebauten Vorhalle sind sogar Mosaikreste zu sehen.

Bei der Moschee biegen wir nach links und kommen wieder auf die Vefa Caddesi. Dort werfen wir einen Blick auf die hübsche **Bibliothek Atıf Efendis**. Diese Stiftung aus dem Jahr 1741 versieht immer noch ihren Dienst als Bibliothek und besitzt eine wichtige Handschriftensammlung. In den mitgestifteten Häusern sollten laut Bestimmung des Stifters die Bibliothekare leben. Wir folgen der Vefa Caddesi einige Schritte, biegen dann rechts in die Yüksekoluk Caddesi und treffen auf den monumentalen Gebäudekomplex der **Süleymaniye** (→ S. 53). Wer sie noch nicht besucht hat, für den ergibt sich jetzt die Gelegenheit. Für ein sehr einfaches, aber gutes Mittagessen ist die **Kanaat Lokantası** (●) an der Ecke des Komplexes zur Bibliothek hin zu empfehlen.

**6**

Süleymaniye Camii ⤑
Rüstem Paşa Camii

Der Mauer zur Universität folgen wir bergab und kommen damit in das **Basarviertel** unterhalb des Großen Basars. An der Mauer des Universitätsgartens hat sich eine Art Flohmarkt etabliert. Wir folgen also der Mauer nach oben und biegen bei einer merkwürdigen, mit großen roten und grünen Fenstern ausgestatteten **Moschee** nach links. Diese Moschee ist eine Stiftung des Reformpolitikers Âli Paşa (1815–1871), der als Großwesir und Minister jahrzehntelang die osmanische Politik prägte.

Gegenüber der vierten Nebenstraße rechts öffnet sich nach links der Zugang zu dem größten »han« der Stadt, dem Valide Hanı, bis heute ein Gebäude voller Werkstätten und Geschäfte. Das ist kein Ort, der unbedingt zum Bummeln gemacht ist, und man muss damit rechnen, angesprochen und neugierig befragt zu werden. Aber es lohnt sich: Die Stifterin (oder sagt man besser: Investorin?) war Kösem Sultan, die Mutter des wahnsinnigen Sultan İbrahim und Großmutter Mehmeds IV., eine energische und durchsetzungsfähige Frau. Der »han« stammt aus dem Jahr 1651, der mittlere der drei Höfe ist 55 m lang. Wenn man in den letzten nördlichsten Hof hinabgestiegen ist, sieht man, dass in der Ecke, in den Bau integriert, ein Gebäude aus anderem Baumaterial steht. Dabei handelt es sich um den 25 m hohen byzantinischen Irenenturm.

Wenn man den »han« durch diesen letzten Hof verlässt und die Treppen nach rechts steigt, trifft man auf die Sabuncuhanı Sokak. Hier werden Spielzeuge, je weiter man nach unten kommt auch Küchengeräte, angeboten. Das ist ein untrügliches Zeichen, dass man sich dem **Ägyptischen Basar** nähert (→ MERIAN-Tipp, S. 23). In dieser Gegend macht das Bummeln besonders viel Spaß. Die Waren sind farbenprächtig, das Angebot reichhaltig, die Preise verlockend. Wer sich zum Beispiel einen Satz türkischer Küchenmesser mitnimmt, wird gewiss nicht enttäuscht werden, denn sie sind für ihre Schärfe bekannt.

Damit kommt unser Spaziergang an sein Ende. Er führte uns von einer Gegend voller Hotels durch ein traditionelleres Wohnviertel voller Sehenswürdigkeiten zu den Märkten und Basaren. Ganz von selbst klingt er mit einer Besichtigung der **Rüstem Paşa Camii** (→ S. 52), einem Bummel durch den **Mısır Çarşısı** (→ MERIAN-Tipp, S. 23) und einem Tee bei seinem Blumenmarkt aus.

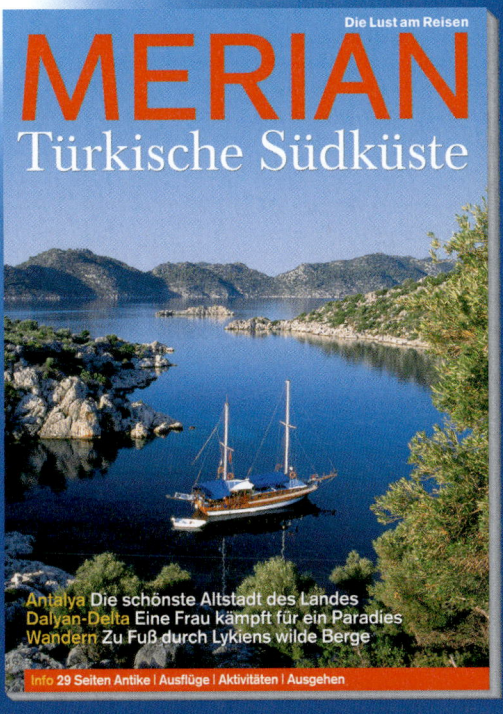

# Ausflüge in die Umgebung

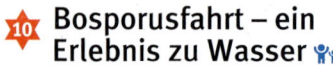

## Bosporusfahrt – ein Erlebnis zu Wasser

**Anfahrt:** Touren werden von allen möglichen Veranstaltern angeboten, und an Plätzen wie Eminönü und Ortaköy versuchen Bootseigner, spontan Touren zusammenzustellen. Am billigsten sind die Stadtdampfer. Die fahrplanmäßigen Verbindungen für 0,50 € gehen jedoch in die »falsche« Richtung: morgens vom Bosporus in die Stadt, abends zurück. Die städtischen Dampfer der **Özel tur**, die für touristische Zwecke am Eminönü ablegen und über Beşiktaş/Barbaros Hayreddin Paşa, Kanlıca, Yeniköy, Sarıyer und Rumeli Kavağı nach Anadolu Kavağı und zurück fahren, kosten insgesamt das Doppelte bis Dreifache. Dafür kann man die Fahrt unterbrechen und mit dem nächsten Schiff weiterfahren (wochentags drei, Sonn- und Feiertags fünf Fahrten in der Sommersaison); **Dauer:** ein halber bis ganzer Tag; **Karte:** ⟶ S. 85

Der zwischen 700 und 3500 m breite Meeresarm, der Asien und Europa trennt, aber Marmara- und Schwarzes Meer verbindet, trug geografisch viel zum Aufstieg Istanbuls zur Metropole bei. Zugleich ist dieser ca. 31 km lange Wasserweg einer der spektakulärsten und dabei freundlichsten Landschaften der Welt, gesäumt von grünen Hügeln, bevölkert von zahllosen Fischen und sogar Delfinen. In früheren Jahrhunderten siedelten erst Fischer an seinen Ufern, dann kamen zu osmanischer Zeit Sommerpaläste und Ufervillen (»yalı«) dazu, Gotteshäuser und sorgsam angelegte Gartenlandschaften.

Erst in den letzten 30 Jahren zerstört Bodenspekulation und Besiedlung systematisch die Landschaft; das Wasser wird verschmutzt, Grünflächen werden zubetoniert. Zum größeren Teil ist der Bosporus heute Stadtgebiet, und die Türkische Republik zeigt sich unfähig, dieser Zerstörung Einhalt zu gebieten. Trotzdem: Es ist noch nicht gelungen, die Schönheiten des Bosporus gänzlich zu beseitigen; es bleibt noch genug. Deswegen gehört eine Bosporusfahrt zu Recht zu jeder Istanbul-Reise. Von Süden nach Norden sieht man vom Schiff aus die folgenden Örtlichkeiten (**E** steht für »europäisches«, **A** für »asiatisches Ufer«):

**Dolmabahçe (E)** Der Palast mit Uhrturm und Moschee hat seine Hauptfassade zum Meer; ein schöner Einschnitt in der Uferbebauung.

**Beşiktaş (E)** Hinter hübscher Anlegestelle, dem Marinemuseum und dem Mausoleum des Großadmirals Barbaros Hayr üd-Din Paşa (1466–1546) liegt dieser prosperierende und sehenswerte Stadtteil.

**Kuzguncuk (A)** In seinem Innern noch gemütlicher Stadtteil mit griechischer Kirche.

**Çırağan Sarayı (E)** Der 1864 erbaute Palast Sultan Abd ül-Mecids brannte 1910 völlig aus und wurde als Repräsentationsbau des Hotels Kempinski hergerichtet.

**Yıldız (E)** Oberhalb des Çırağan-Palastes liegen Park und Palast Sultan Abd ül-Hamids II. (1876–1909).

**Ortaköy (E)** Künstlervorort mit sehr hübschem Platz, an dem eine liebliche neobarocke Moschee steht. Sonntags ist in den Nebenstraßen ein Markt, auf dem Kunsthandwerk verkauft wird.

**Boğaziçi Köprüsü (E)** Die 1973 eröffnete Brücke wirkt aus der Ferne elegant, aber eher bedrohlich, wenn man ihren breiten Schatten kreuzt.

**Beylerbeyi (A)** Viertel mit einer Sommerpalastanlage des osmanischen Neobarocks aus dem Jahr 1865 sowie einer breit am Ufer stehenden Moschee aus dem 18. Jh. Palast tgl. außer Mo und Do 9.30–16 Uhr, Führung obligatorisch.

**Büyük Çamlıca (A)** Abgeholzter, von Fernsehtürmen gekrönter Hügel mit Aussichtslokal.

**Kuruçeşme (E)** Fast vollständig zubetonierte Siedlung mit einer auf Stelzen errichteten Uferstraße.

**Çengelköy (A)** Hübsche Siedlung mit gepflegten Ufervillen. Gleich dahinter das Militärgymnasium von **Kuleli**.

**Arnavutköy (E)** Diese nette Ufersiedlung ist durch die Uferstraße auf Stelzen ziemlich verdorben worden, und die Ufervillen werden inzwischen mehr und mehr durch moderne Mehrfamilienhäuser ersetzt. In den rückwärtigen Straßen hat sich allerdings viel alte Bausubstanz weitgehend erhalten.

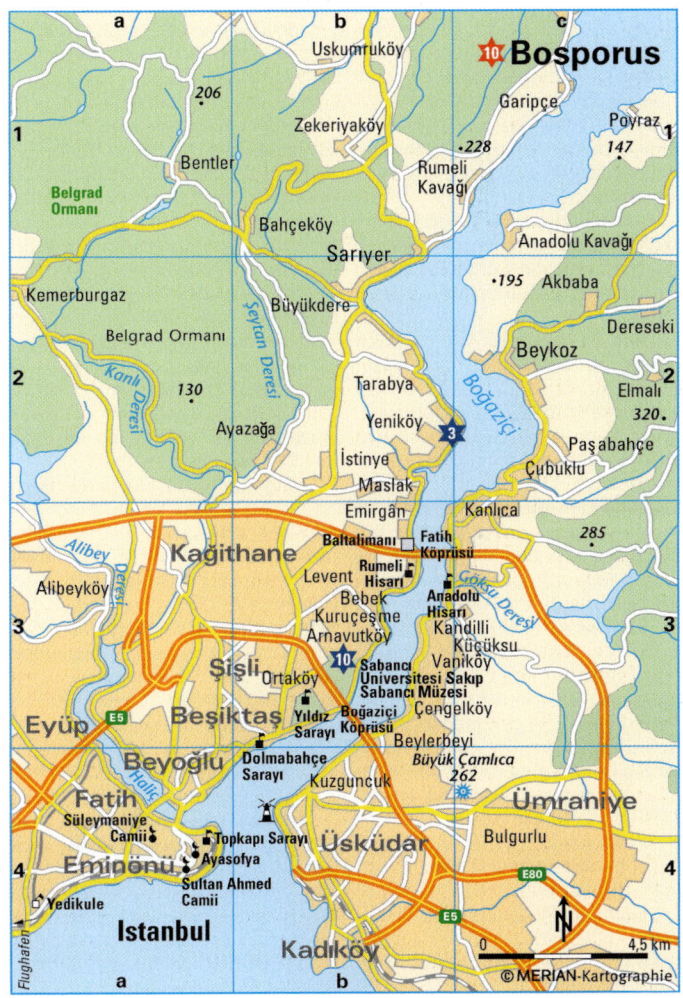

**Bebek (E)** Am Hang liegt die Bosporus-Universität, an der auf Englisch unterrichtet wird. Das reiche Viertel darunter hat deshalb eine manchmal fast amerikanische Atmosphäre. Es existiert ein schöner Uferpark mit wenig reizvollem Denkmal des Dichters Fuzulî; und auf halber Höhe des Hangs ist das Haus des Dichters Tevfik Fikret (1867–1915) zu besichtigen **(Aşiyan Müzesi)**, tgl. außer Mo und Do 9.30–12, 13–17 Uhr.

**Küçüksu (A)** Die einst berühmten »süßen Wasser Asiens« fließen heute träge durch eine ungepflegte Picknickwiese, aber das prächtige Lustschloss von 1857 (tgl. außer Mo und Do 9–16.30 Uhr) und der schöne Brunnen stehen noch.

**Anadolu Hisarı (A)** Fast schon anmutig aussehende Burg, die 1390 von Bayezid I. errichtet wurde, um an seiner engsten Stelle den Bosporus zu sperren.

**Rumeli Hisarı (E)** Die ungleich stärker beeindruckende Burg Mehmeds II. wurde 1452 erbaut, um die Eroberung Konstantinopels vorzubereiten. In der Umgebung finden sich nette Teegärten und einige Restaurants (→ S. 52).

**Fatih Köprüsü** Die »Brücke des Eroberers« verläuft fast direkt über Rumeli Hisarı. Sie hat das Verkehrsproblem am Bosporus nicht lösen können; inzwischen ist eine dritte im Gespräch.

**Baltalimanı (E)** Die große Ufervilla ließ der Reformpolitiker Mustafa Reşid Paşa Mitte des 19. Jh. errichten, um seinem Sohn, der eine Tochter des Sultans heiratete, eine standesgemäße Bleibe zu schenken. Später wurde der heute rosa getünchte Haremsflügel angefügt, in dem jetzt ein Krankenhaus untergebracht ist.

**Kanlıca (A)** Einst wegen seines Joghurts berühmter Ort mit nettem Platz an der Anlegestelle.

**Emirgân (E)** Gemütliches Wohnviertel unterhalb eines weitläufigen Parks mit einigen historischen Sommerschlösschen.

**Çubuklu (A)** Ein Viertel, in dem trotz einiger neuer Siedlungen noch alte Holzhäuser dominieren. In einem großen Park die Sommerresidenz der Vizekönige von Ägypten.

**İstinye und Yeniköy (E)** Vornehme Vorortviertel, in denen sich einige schöne Ufervillen (»yalı«) erhalten haben. Der Hafen in der tiefen Bucht İstinyes macht einen langsamen Wandel vom Industrie- zum Fischerhafen durch.

**Paşabahçe (A)** Berühmt ist der Ort wegen seiner Glasfabrik, der er seinen Namen gab.

**Tarabya (E)** Das ehemals vor allem griechisch besiedelte Therapeia ist eines der frühesten Opfer der Modernisierung des Bosporus. Der luxuriöse Hotelklotz, den man in den 1960er-Jahren direkt ans Wasser gestellt hat, ist von diesem inzwischen durch eine Straße getrennt. Beeindruckend der **Huber Köşkü**, heute ein Gästehaus der türkischen Republik und die Sommerresidenz der deutschen Botschaft.

**Beykoz (A)** Zentrum des nördlichen Teils der asiatischen Bosporusküste. Auf dem Hauptplatz ein schöner Brunnen aus dem 18. Jh.

**Büyükdere (E)** Die große Bucht von Büyükdere mit einem kleinen Militärhafen und etwas Landwirtschaft würde wohl bis heute malerisch wirken, wenn nicht auch hier eine auf Stelzen gestellte Uferstraße die **yalı** vom Wasser getrennt, den Fischerhafen verödet und die griechischen Restaurantbesitzer zum Abwandern gebracht hätte. Der Ferienort ist heute dicht besiedelt. Darüber hinaus befindet sich in einer Bosporusvilla in Büyükdere mit dem **Sadberk Hanım Müzesi** das erste türkische Privatmuseum (→ S. 65).

**Hünkâr İskelesi (A)** Die »Anlegestelle des Herrschers«, an der 1833 ein Vertrag abgeschlossen wurde, der das Osmanische Reich beinahe unter russischen Einfluss gebracht hätte. Heute steht an diesem Ort noch ein Palast, den sich Sultan Abd ül-Mecid (1839–1861) bauen ließ.

*Die Selimiye Camii im Edirne, ein weiteres Meisterwerk des osmanischen Architekten Sinan, gilt bei vielen als die schönste Moschee der gesamten Türkei.*

**Sarıyer (E)** Kleinstadt mit Fischerhafen und Markt.

**Rumeli Kavağı (E)** Fischerdorf an einer alten Landmarke. Gute Fischrestaurants. Gegenüber **Anadolu Kavağı (A)**, die Endstation des Stadtdampfers. Auf dem Berg oberhalb des Ortes liegt die Burg **Yoros Kalesi**.

## Edirne – Stadt der Moscheen

**Anfahrt und Dauer:** Edirne liegt ungefähr 230 km von Istanbul entfernt; mit dem Bus dauert die Fahrt 3–4 Std., mit der Bahn deutlich länger, deswegen ist Edirne kein Tagesausflug, eine Übernachtung ist einzuplanen; **Auskunft:** Tourist Information, Talatpaşa Cad. 76/A; Tel. 0284/2 2552 60, 2 12 14 90; **Karte:** ⋯⟩ S. 89

Edirne – an der bulgarischen Grenze – bietet ausgezeichnete osmanische Architektur, darunter die Selimiye, die der große Sinan als sein Meisterwerk

bezeichnete. Darüber hinaus herrscht hier osmanische Stadtatmosphäre, und die Landschaft an den Flüssen **Tunca** und **Meriç** reizt zum Spazierengehen. Nach Süden Richtung Karaağaç liegen an der **Meriç** nette Ausflugslokale; und die 263 m lange **Yeni Köprü** (»Neue Brücke«), die zu ihnen führt, ist die schönste der vielen Brücken der Stadt.

Der Name der Stadt geht auf den römischen Kaiser Hadrian zurück, der an dieser Stelle einer Siedlung Stadtrecht und seinen Namen gab. Aus Hadrianopolis wurde später Adrianopel, daraus dann Edirne. Zu der Vergangenheit des Ortes gehört die Schlacht von 378, in der die Goten die Truppen Kaiser Valens' besiegten und diesen töteten, worauf ihrem Zug durch das Römische Reich nichts mehr im Wege stand. Für die Byzantiner war Edirne Festung gegen die türkischstämmigen Bulgaren und Petschenegen. 1361 eroberten die Osmanen die Stadt und machten sie zu ihrer Hauptstadt. Auch nachdem diese Funktion 1453 auf Istanbul übergegangen war, blieb

Edirne Jagdresidenz und Sommeraufenthalt für so manchen Sultan. Verkehrsgünstig an der Gabelung aller Wege nach Westen gelegen, hatte die Stadt auch als Handelszentrum nicht zu klagen, wie man an den schönen Basargebäuden der Stadt sehen kann.

Vom 19. Jh. an aber war Edirne abermals Vorposten. 1828 und 1878 besetzten es die Russen jeweils für kurze Zeit. Die Balkankriege und der sich anschließende Erste Weltkrieg trafen die Stadt viel schlimmer. 1912 wurde Edirne bulgarisch, 1913 osmanisch, 1920 griechisch, 1922 türkisch. Beim Abzug der griechischen Bevölkerung lebten hier noch 35 000 Einwohner – 1885 waren es noch über 200 000 gewesen. Nach dem Zweiten Weltkrieg verließ die große jüdische Gemeinde Edirne in Richtung Israel. Erst neuerdings wächst die Stadt durch Bevölkerungsexplosion und Zuwanderung vom Lande sowie durch Bulgarientürken wieder.

Hauptattraktion des Ortes ist die **Selimiye Camii** (⋯⋅> S. 89, c 2), vielleicht die schönste Moschee des ganzen Landes. Sinan errichtete sein Meisterwerk 1569 bis 1575 auf einer die Stadt beherrschenden Anhöhe für Selim II., den Thronfolger Süleymans des Prächtigen. Über dem von vier schlanken Minaretten flankierten Geviert der Moschee, zu der auch ein gedeckter Basar und zwei **Medresen** gehören, wölbt sich eine riesige Kuppel, deren Durchmesser mit 31,28 m dem der Kuppel der Hagia Sophia entspricht. Dennoch braucht der Bau keine schweren Stützmauern, alles ist leicht, hell und hoch. Harmonie und Eleganz im Äußeren wie im Inneren lassen die Moschee den Meisterwerken der klassischen griechischen Architektur ebenbürtig erscheinen. Wer die bedeutenden türkischen Moscheen vor der Selimiye kennt, vermag abzuschätzen, welche Entwicklung hier ihren Höhepunkt erreicht hat. **Eski Camii** (⋯⋅> S. 89, b 3), die »Alte Moschee« im alten Stadtzentrum un-

terhalb der **Selimiye Camii**, in weitem Umkreis das einzige Gotteshaus vom anatolischen Mehrkuppeltypus, hat zwei Bauherren, die nach der osmanischen Niederlage gegen Timur 1402 um den osmanischen Thron konkurrierten. Begonnen hat den Bau der später ermordete Emir Süleyman, beendet 1413 Mehmed I. Die neun Kuppeln werden von vier Säulen getragen, der Predigtstuhl (»Mimber«) ist kostbar gearbeitet, und schöne Kalligrafien zieren die Wände.

Der Name der **Üç Şerefeli Camii** (⋯⋅> S. 89, b 2), der »Moschee mit den drei Galerien«, bezieht sich auf die drei Umgänge, die eines der Minarette umkränzen und die auf verschiedenen Treppen zu erreichen sind. Diese gegenüber der Eski Camii stehende Moschee verkörpert den Übergang von der Mehrkuppel- zur Zentralkuppelbauweise. In den Jahren 1443 bis 1447 unter Murad II. errichtet, verfügt sie sowohl über eine mit 26 m Durchmesser monumentale Zentralkuppel als auch über eine Anzahl kleinerer Kuppeln, die neben ihr stehen, ohne sie zu stützen.

Murad II. erbaute noch eine weitere Moschee in der Stadt. Die **Muradiye** (⋯⋅> S. 89, c 2), auf einem Hügel mit Blick auf die Palastinsel Sarayiçi liegend, ist im Innenraum mit schönen frühosmanischen Fliesen geschmückt, die florale Muster in Blau und dem später unüblichen Gelb zeigen. Die Moschee, der ein Derwischkonvent angeschlossen war, unterstand bis zu seinem Verbot 1926 dem Derwischorden der »mevleviye«.

Die von Bayezid II. 1484 bis 1488 am Tunca-Ufer nördlich der Stadt gegründete **Bayezid Külliyesi** (⋯⋅> S. 89, a 1) beeindruckt nicht so sehr wegen der recht kleinen kubischen Moschee mit einfacher Kuppel und Nebenräumen, die Derwischen als Unterkünfte dienten. Bedeutender ist der vollständig ummauerte »külliye«, der Bereich der Nebenbauten, der von der Umgebung ganz deutlich abgesetzt ist. Der

Baukomplex besteht aus zwei theologischen Hochschulen gleich bei der Moschee, einem Krankenhaus mit medizinischer Moschee, einer Armenküche, einem Verwaltungsgebäude und einem Brunnen. Die restaurierte Anlage wird heute von der Universität Edirnes genutzt.

Die älteste Moschee der europäischen Türkei steht im Südwesten der Anlage Bayezids II. Sie wurde lange Bayezid I. (1389–1402) zugeschrieben, doch geht der kaum dekorierte und verwinkelte Bau auf seinen Vater Murad I. (1360–1389) zurück. Trotzdem lohnt die **Yıldırım Camii** schon ihres Alters wegen den Besuch.

Unter Murad II. wurde 1450 auf der Insel Sarayiçi der Bau des **Saray-ı Cedid** (»Neuer Palast« ⸱⸱⸱→ **S. 89, c 1**) in Angriff genommen. Die fertige Anlage war eine Ansammlung von Pavillons,

ähnlich dem **Topkapı-Palast** in Istanbul. 1703 wurden die Gebäude vom osmanischen Hof verlassen, 1869 brannten sie ab. Erhalten ist lediglich das **Adalet Kasrı** (das »Gerechtigkeitsschlösschen«) aus der Zeit Süleymans. Auf der Insel findet Anfang Juli das traditionelle Ringerturnier **Kırkpınar Yağlı Güreşleri** statt. Die mit engen Lederhosen bekleideten und eingeölten türkischen Ringer tragen dabei ihre Meisterschaft aus. Am Anfang stand ein legendäres Ringen, das im 14. Jh. im heute griechischen Ort Kırkpınar stattgefunden haben soll. Zwei osmanische Soldaten sollen dort so lange sportlich miteinander gewetteifert haben, bis beide vor Erschöpfung tot ins Gras sanken. Aus ihren Gräbern entsprangen dann 40 Quellen, was genau der Name Kırkpınar auch bedeutet. Die drei Tage langen Kämpfe, während de-

nen in Edirne nur mit größter Mühe Quartier zu finden ist, locken Zehntausende von Zuschauern an. Um das sportliche Ereignis verbreitet sich Volksfest- und Picknickstimmung. Am 5. und 6. Mai schließlich, zum anatolisch-alevitischen Frühlingsbeginn Hıdrellez, reisen Roma aus ganz Thrakien nach Edirne, um dort gemeinsam das Fest Kakava zu begehen (Friedhöfe Acı Çeşme und Gogo).

In der prächtigen **Karawanserei**, die Rüstem Paşa, ein Großwesir und Schwiegersohn von Süleyman dem Prächtigen, gegenüber der **Eski Camii** erbauen ließ, kann man heute wieder übernachten, sie wurde zu einem komfortablen Hotel (**Rüstem Paşa Kervansaray Oteli** (····⇢ S. 89, b 3), İki Kapılı Han Cad.; Tel. 02 84/2 12 61 19, 2 25 25 95, Fax 02 84/2 14 85 22 ●●● [CREDIT] ) umgebaut.

## Die Prinzeninseln – in Kutschen unterwegs 🚶🏻‍♀️🚶🏻

**Anfahrt:** am schnellsten mit den **Deniz Otobüsleri** von Bostancı, Kabataş, Kadıköy und Bakırköy (zum Teil nur im Sommer) zum Preis von 2,50–3,50 €, häufiger und erlebnisintensiver mit den städtischen Dampfern von Sirkeci, Bostancı oder Kabataş (Expressschiff Sirkeci-Büyükada 40 Min.) für 1 €; **Unterkunft: Splendid Oteli**, ein Holzhaus in türkischem Jugendstil (Büyükada, Yalı Mah. 23 Nisan Cad. 71; Tel. 02 16/3 82 69 50 –52, Fax 3 82 67 75; 70 Zimmer ●● [AmEx] [MASTER] [VISA] ); **Dauer:** Tagesausflug; **Karte:** ····⇢ Umschlagkarte hinten, c/d 4

Von jedem Punkt Istanbuls mit Blick auf das Marmarameer sind sie zu sehen: **Büyükada** (Prinkipo), **Heybeliada** (Chalki), **Burgazadası** (Antigoni) und **Kınalıada** (Proti) sowie **Yassıada**, das allerdings nach wie vor als Militärgefängnis nur für unfreiwillige Besuche in Frage kommt. Damit steht diese Insel in einer alten Tradition, die

von eingekerkerten byzantinischen Thronprätendenten, den »Prinzen« der »Prinzeninseln«, bis zu der Führung der Demokratischen Partei reicht, die hier 1960 nach dem Militärputsch abgeurteilt und zum Teil hingerichtet wurde.

Die Inseln sind bewaldet, Autos verboten, der Verkehr wird durch Kutschen und Fahrräder bewältigt. Vermeiden Sie aber im Sommer einen Besuch am Sonntag; die Inseln sind dann sehr überlaufen. Die Istanbuler teilen sich im Allgemeinen in solche, die **Heybeliada**, und solche, die **Büyükada** für die attraktivere Insel halten. Erstere hat vielleicht etwas schönere Holzhäuser zu bieten, Letztere, die größte der Prinzeninseln, die ausgedehntesten Wälder und einige Klöster: das **Christus-Kloster** auf dem höchsten Berg der Insel und das **Georgskloster**. Und dann sind da noch die Anhänger der kleinen **Burgazadası**, die im Restaurant Kalpazankaya (●●) sitzen, nach Süden über das Meer schauen, wo man Istanbul nicht mehr sieht, so dass man die Stadt wirklich hinter sich lässt.

## Heiße Quellen – Yalova-Termal und Bursa

**Anreise: Deniz Otobüsleri** ab Kartal, Bostancı und Yenikapı (zum Teil nur Juni–Okt., ab Yenikapı 70 Min.), danach eine gute Viertelstunde mit dem Taxi (etwa 5 €), **Dolmuş** oder Bus. Mit dem Auto auf der E5 bis Darıca, mit der Fähre (ganztägig alle 20 Min.) über den Golf von İzmit und über Yalova nach Termal; **Auskunft Tourist Information:** Cumhuriyet Mey., Tel. 02 26/8 14 21 08, Fax 8 12 30 45; **Unterkunft:** Yalova Termal Kaplıca Tesisleri (77400 Termal-Yalova; Tel. 02 26/ 6 75 74 00, Fax 6 75 74 08-10; www. yalovatermal.com; 101 Zimmer ●●/●●● [CREDIT] ); nach Bursa **Deniz Otobüsü** ab Yenikapı, dann eine der zahlreichen Busverbindungen; **Karte:** ····⇢ Umschlagkarte hinten, e 6

Die Istanbul-Reise mit einer kleinen Rheumakur verbinden? Auch das ist möglich, denn heiße Quellen, 11 km von Yalova entfernt, helfen gegen eine ganze Reihe von Beschwerden. Das Wasser ist 55–60 °C heiß, wenn es aus der Erde tritt; und schon Römer, Byzantiner und Osmanen unterhielten hier Bäder. Atatürk schließlich verbrachte gegen Ende seines Lebens größere Teile des Jahres in dem Tal.

**Yalova-Termal** ist ein Ausflugsziel für Istanbuler, die den würzigen Duft des Nadelwaldes und natürlich den warmen Badespaß genießen wollen, vielleicht ein wenig spazieren gehen und Forellen essen möchten. Während der Sommermonate ist es in Termal kühler als in Istanbul, im Winter milder und vor allem smogfrei. Außer dem **Turban**-Hotel gibt es einfachere Unterkünfte und auch Ferienwohnungen in den Dörfern Gökçedere und Üveyzpınar, in denen man natürlich auch etwas zu essen bekommt. Ein einst von Atatürk benutztes Sommerschloss ist täglich außer Mo und Do von 9.30 bis 16 Uhr zu besichtigen.

Yalova eignet sich, vor allem wenn man ein Auto zur Verfügung hat, hervorragend für Ausflüge. 18 km sind es von Termal bis **Çınarcık**, einem Badeort am Südufer des Marmarameeres (Dampfer nach Istanbul). Etwa 80 km von Yalova entfernt liegt **Bursa**, die alte Hauptstadt der Osmanen, 75 km sind es bis **İznik**.

In Bursa lebt die Tradition des türkischen Bades noch; die Stadt bietet außerdem eine Fülle frühosmanischer Architektur. Am schönsten sind wohl die »Grüne Moschee« (**Yeşil Cami**) mit einem fliesengeschmückten Mausoleum, die **Große Moschee** mit dem Basarviertel und die **Muradiye-Moschee** mit einem Garten voller Sultansmausoleen. Im Nationalpark Uludağ kann man wandern und im Winter Ski fahren, der bithynische Olymp (2543 m) ist von der Stadt in einem halben Tag zu ersteigen, es gibt aber auch eine Seilbahn, die den Besuchern bequem zum Gipfel bringt.

İznik, das antike Nicaea, liegt malerisch am Ostufer eines etwa 30 km langen Sees (İznik gölü). Die Kleinstadt ist immer noch von ihrer gut erhaltenen römischen Mauer umgeben; in ihrer Mitte liegt die spätantike Konzilsbasilika, und im Museum sind herrliche osmanische Fliesen zu bewundern.

*Das fliesengeschmückte Mausoleum Mehmeds I. in der »Grünen Moschee« in Bursa.*

# Wissenswertes über Istanbul

*Im Hamam in Cağaloğlu – es gibt Dutzende dieser öffentlichen Badehäuser in Istanbul – sind auch Westeuropäer willkommen, sich zu entspannen.*

Istanbul im Überblick: viele nützliche Informationen zur Reisevorbereitung und für den Aufenthalt vor Ort. Mit Geschichtstabelle, Internetadressen, Reiseknigge und Verkehrsverbindungen.

# Jahreszahlen und Fakten im Überblick

**um 660 v. Chr.**
Siedler aus der griechischen Stadt Megara gründen Byzantion am Goldenen Horn. Die Kleinstadt bemüht sich, durch politisches Taktieren ihre Unabhängigkeit zu erhalten.

**146 v. Chr.**
Byzantion steht unter römischer Herrschaft.

**193 n. Chr.**
Kaiser Septimus Severus zerstört Byzantion, das einen Thronrivalen unterstützt hatte. Auch nach dem Wiederaufbau erholt sich die Stadt wirtschaftlich nicht.

**330**
Kaiser Konstantin wählt die nun Konstantinopel genannte Stadt zu seinem Regierungssitz. Als Nova Roma macht die nach römischem Vorbild ausgebaute Stadt der alten Hauptstadt Konkurrenz und überflügelt sie bald.

**381**
Der Bischof von Konstantinopel wird als Patriarch anerkannt.

**413**
Nach der Reichsteilung 395 in ein Weströmisches und ein Oströmisches Reich wird Konstantinopel erweitert, die heute erhaltene Stadtmauer angelegt.

**537**
Die Hagia Sophia, deren Vorgängerbau durch Brand zerstört wurde, wird geweiht.

**674–678**
Erste arabische Blockade der Stadt, das eine orthodoxe und griechische Kaiserkultur ausbildende Byzanz wird immer wieder belagert.

**Anfang des 8. Jh.**
Bulgarische und arabische Angriffe auf die Stadt.

**730–843**
In der Zeit des Ikonoklasmus (Bilderstreites) werden viele Kunstschätze zerstört, Klöster zeitweilig geschlossen.

**886–912**
Kaiser Leon VI. regelt Verwaltung und Versorgung der Stadt neu.

**1071**
Sieg der Seldschuken bei Mantzikert und türkische Einwanderung nach Anatolien. Durch Niederlagen auf Sizilien und dem Balkan geht Byzanz' Weltmachtstellung verloren.

**1081–1118**
Kaiser Alexios I. Komnenos. Unter der Komnenen-Dynastie Neubau des Blachernen-Palastes und der Pantokrator-Kirche, Verlagerung des Stadtzentrums nach Nordwesten.

**1182**
Aufstand gegen den wirtschaftlichen Einfluss der 60 000 nicht byzantinischen Bewohner der Stadt (von über 500 000), kurzfristige Vertreibung der italienischen Kaufleute.

**1204**
Eroberung und Plünderung der Stadt durch das von Venedig finanzierte Heer des 4. Kreuzzugs. Gründung eines Lateinischen Kaiserreiches.

**1261**
Eroberung der Stadt durch die orthodoxen Palaiologen, Wiedererrichtung eines byzantinischen Kaiserreichs.

**1346**
Einsturz der Kuppel der Hagia Sophia. Die Stadt zählt gut 50 000 Einwohner.

**1453**
Osmanische Eroberung der Stadt unter Sultan Mehmed II. (dem Eroberer). Systematischer Aufbau Istanbuls zur osmanischen Hauptstadt.

**1465**
Beginn des Baus am Topkapı-Palast.

**1557**
Vollendung der Süleymaniye-Moschee durch den Architekten Sinan. Istanbul hat eine knappe halbe Million Einwohner.

**1703**
Janitscharenaufstand gegen Mustafa II., der seinen Hofstaat nach Edirne verlegt hatte, und Sturz des Sultans. Solche Aufstände markieren in der osmanischen Geschichte Zeiten wirtschaftlicher oder politischer Krise.

**1754**
Die Moschee Nurousmaniye wird erbaut. Beginn des osmanischen Barock.

**1826**
Massaker an den Janitscharen auf Befehl Sultan Mahmuds II. Versuche der osmanischen Zentralverwaltung, das unter dem Druck der europäischen Mächte stehende Reich durch Reformen zu stabilisieren.

**1836**
Erste Brücke über das Goldene Horn (zwischen Azakapi und Mukapani).

**1875**
Der Tünel, die erste Untergrundbahn der Stadt, wird eröffnet.

**1894**
Vorerst letztes der Istanbul durchschnittlich alle 100 Jahre heimsuchenden schweren Erdbeben.

**1919–1923**
Besetzung der Stadt durch die Siegermächte des Ersten Weltkriegs. Türkischer Befreiungskrieg (bis 1922). Ankara wird Hauptstadt der Türkei.

**1935**
Die Hagia Sophia wird in ein Museum umgewandelt.

**1945**
Istanbuls Einwohnerzahl steigt über eine Million. Es entstehen illegale Stadtrandsiedlungen der Zuwanderer.

**1973**
Erste Bosporusbrücke eröffnet. Istanbul wird zur Metropole eines Schwellenlandes: Neben Prestigeobjekten prägen Überbevölkerung und eine ungenügende Infrastruktur das Stadtbild.

**1984**
Amtsantritt Bürgermeister Dalans (Vaterlandspartei). Investitionen in U-Bahn, Stauseen und Kanalisation. Ab 1986 Tourismusboom, Luxushotelbauten. 1989 Abwahl Dalans. Wohnungsnot, ökologische und infrastrukturelle Probleme bleiben zurück.

**1988**
Zweite Bosporusbrücke eröffnet.

**1994**
Die von Skandalen geschüttelte sozialdemokratische Stadtregierung wird abgewählt, der islamistische Politiker Recep Tayyip Erdoğan wird Bürgermeister.

**1996**
Istanbul richtet die UNO-Weltkonferenz Habitat 2 aus.

**1999**
Am 17. August erschüttert ein Erdbeben mit dem Epizentrum bei İzmit auch Istanbul und fordert Todesopfer.

**2000**
Eröffnung der ersten modernen Untergrundbahnlinie in der Stadt.

**Nov. 2003**
Zwei Wellen von Bombenattentaten (u. a. auf das britische Konsulat) fordern Dutzende von Menschenleben.

**2007**
Der Tunnelbau für die europäisch-anatolische Bahnverbindung auf dem Grund des Bosporus beginnt.

# Nie wieder sprachlos

## Ausspracheregeln

*c:* dtsch, wie in »Dschungel«

*ç:* tsch, wie in »Tschako«

*ğ:* längt die Vokale im Auslaut, schwach zu hören zwischen dunklen Vokalen wie ein deutsches »j«

*ı:* wie unbetontes deutsches »e«, z. B. in »schwimmen«

*j:* wie in französisch »journal«

*s:* Immer scharf, wie in »Fass«

*ş:* wie deutsches »sch«

*z:* das weiche deutsche »s« wie in »singen«

*y:* wie deutsches »j«. Zusammen mit Vokalen bildet es die Diphtonge, »ay« wie in »Ei«, »ey« wie in englisch »saint«, »oy« wie »äu«

## Wichtige Wörter und Ausdrücke

| | |
|---|---|
| ja | *evet* |
| nein | *hayır* |
| bitte | *lütfen* |
| danke | *teşekkür ederim/ sağ olun* |
| Wie bitte? | *efendim?* |
| Ich verstehe nicht | *anlamadım* |
| Entschuldigung | *özür dilerim/ affedersiniz* |
| Guten Morgen | *günaydın* |
| Guten Tag | *iyi günler* |
| Guten Abend | *iyi akşamlar* |
| Hallo | *merhaba* |
| Ich heiße... | *ismim...* |
| Ich komme aus... | *...'den/... 'dan geliyorum* |
| Wie geht's? | *nasılsınız?/nasılsın?* |
| Danke, gut | *teşekkür ederim, iyiyim* |
| Wer, was, welcher? | *kim?, ne?, hangi?* |
| Wie viel? | *kaç?, ne kadar?* |
| Wo ist? | *... nerededir?* |
| Wann? | *ne zaman?* |
| Wie lange? | *ne kadar?* |
| Sprechen Sie Deutsch? | *Almanca biliyor musunuz?* |

| | |
|---|---|
| Auf Wiedersehen! | *iyi günler!* |
| heute | *bugün* |
| morgen | *yarın* |
| gestern | *dün* |

## Zahlen

| | |
|---|---|
| eins | *bir* |
| zwei | *iki* |
| drei | *üç* |
| vier | *dört* |
| fünf | *beş* |
| sechs | *altı* |
| sieben | *yedi* |
| acht | *sekiz* |
| neun | *dokuz* |
| zehn | *on* |
| hundert | *yüz* |
| tausend | *bin* |
| hunderttausend | *yüzbin* |
| eine Million | *milyon* |

## Wochentage

| | |
|---|---|
| Montag | *pazartesi* |
| Dienstag | *salı* |
| Mittwoch | *çarşamba* |
| Donnerstag | *perşembe* |
| Freitag | *cuma* |
| Samstag | *cumartesi* |
| Sonntag | *pazar* |

## Mit und ohne Auto unterwegs

| | |
|---|---|
| Wie weit ist es nach...? | *...ne kadar uzaktır?* |
| Wie kommt man nach...? | *...'e/...'a nasıl gidilir...?* |
| Wo ist...? | *nerededir...?* |
| – die nächste Werkstatt | *en yakın tamiratçı* |
| – der Bahnhof/ Busbahnhof | *gar/otogar* |
| – die nächste U-Bahn/ Bus-Station | *en yakın metro istasyonu/otobüs durağı* |
| – der Flughafen | *havaalanı* |
| – Touristeninformation | *turizm danışması* |
| – die nächste Bank | *en yakın banka* |

| | |
|---|---|
| – die nächste Tankstelle | *en yakın benzin istasyonu* |
| – ein Arzt/eine Apotheke | *bir doktor/ bir eczane* |
| Bitte volltanken! | *doldurun, lütfen* |
| Normalbenzin | *normal (benzin)* |
| Super | *süper* |
| Diesel | *mazot* |
| bleifrei | *kurşunsuz* |
| rechts | *sağ* |
| links | *sol* |
| geradeaus | *düz* |
| Ich möchte ein Auto/ein Fahrrad mieten | *bir araba/bir bisiklet kiralamak istiyorum* |
| Wir hatten einen Unfall | *bir kaza geçirdik* |
| Eine Fahrkarte nach ... bitte! | *...'e/...'a bir bilet, lütfen!* |
| Ich möchte ... Euro in ... (Währung) wechseln | *...Euro ... Türk Lirası'na (liraya) bozdurmak istiyorum* |

**Hotel**

| | |
|---|---|
| Ich suche ein Hotel | *bir otel arıyorum* |
| Ich suche ein Zimmer für ... Personen | *...kişi için bir oda arıyorum* |
| Haben Sie noch Zimmer frei? | *boş odanız var mı?* |
| – für eine Nacht | *bir geceliğe* |
| – für zwei Tage | *iki günlüğe* |
| – für eine Woche | *bir haftalığa* |
| Ich habe ein Zimmer reserviert | *bir oda ayırtmışım* |
| Wie viel kostet das Zimmer? | *odanın fiyatı ne kadardır?* |
| – mit Frühstück | *kahvaltı dahil* |
| – mit Halbpension | *yarım pansiyon ile* |
| Kann ich das Zimmer sehen? | *odayı görebilir miyim?* |
| Ich nehme das Zimmer | *odayı alacağım* |
| Kann ich mit Kreditkarte zahlen? | *kredi kartı ile ödeyebilir miyim?* |

| | |
|---|---|
| Haben Sie noch Platz für ein Zelt/einen Wohnwagen? | *bir çadır/bir kara van için yeriniz var mı?* |

**Gesundheit**

| | |
|---|---|
| Apotheke | *eczane* |
| Arzt | *doktor* |
| Krankenhaus | *hastane* |
| Fieber | *ateş* |
| Schmerzen | *ağrılar* |
| Kopf | *baş* |
| Zahn | *diş* |
| Hals | *boğaz* |
| Magen | *mide* |
| Herz | *kalp* |
| Ohr | *kulak* |
| Auge | *göz* |
| Schmerztabletten | *ağri tableti* |
| Kohletabletten | *karbon tableti* |

**Einkaufen**

| | |
|---|---|
| Wo gibt es...? | *nerede var?/nereden alabilirim?* |
| Haben Sie...? | *...iniz/...ınız/...unuz/ ...ünüz var mı?* |
| Wie viel kostet das? | *bunun fiyatı nedir?* |
| Das ist zu teuer | *bu çok pahalıdır* |
| Geben Sie mir bitte 100 g/ ein Pfund/ ein Kilo | *bana yüz gram/ yarım kilo/bir kilo verir misiniz?* |
| Danke, das ist alles! | *bu kadardır, teşekkür ederim!* |
| geöffnet/ geschlossen | *açık/kapalı* |
| Bäckerei | *pastane* |
| Kaufhaus | *mağaza* |
| Markt | *pazar/çarşı* |
| Metzgerei | *kasap* |
| Haushaltswaren | *mutfak eşyaları* |
| Lebensmittelgeschäft | *bakkal* |
| Briefmarken für einen Brief/ eine Postkarte nach Deutschland/Österreich/in die Schweiz | *Almanya'ya/ Avusturya'ya/ İsviçre'ye bir mektup/bir kartpostal için bir pul* |

# Die wichtigsten kulinarischen Begriffe

**A**

*Adana kebabı:* Spieß aus scharf
gewürztem Hackfleisch
*Antep ezmesi:* scharfe Vorspeise
mit Tomaten und Pistazien
*Antep fıstığı:* Pistazie
*Arnavut ciğeri:* gebratene Lammleber
*aşure:* süßer Getreidepudding
*ayva:* Quitte

**B**

*badem:* Mandel
*bahşiş:* Trinkgeld
*bakar mısınız:* Herr Ober!
*baklava:* in Sirup getränkter Blätter-
teigkuchen mit Nüssen
*balık:* Fisch
*barbunya pilâkisi:* Bohnenkerne in
Gemüsesauce
*bardak:* Glas
*beyaz peynir:* Fetakäse
*bezelye:* Erbsen
*biber:* Paprika, Pfeffer
*bıçak:* Messer
*börek:* Blätterteigspeisen, Füllungen
meist aus Käse (*peynir*), Hackfleisch
(*kıyma*) oder Spinat (*ispanak*)
*bonfile:* Steak
*bulgur:* Weizenschrot, Kuskus
*buz:* Eis, Eiswürfel

**C**

*cacik:* Joghurt mit Dill, Gurke und
Knoblauch
*çatal:* Gabel
*çay:* Tee
*çay kaşığı:* kleiner Teelöffel
*Çerkes tavuğu:* Hühnerfleisch in
Walnusssauce
*çiğ köfte:* scharfe Fleischbällchen aus
rohem Rindshack
*ciğer:* Leber
*çoban salatası:* gemischter Salat
*çorba:* Suppe

**D**

*dana eti:* Kalbfleisch
*dolmalar:* gefüllte Gemüse
*domates:* Tomaten
*düğün çorbası:* legierte Fleischbrühe

**E**

*ekmek:* Brot
*Elbasan tavası:* Lammfleisch mit
Joghurtsauce überbacken
*enginar:* Artischocke
*ezme:* pürierte Gemüse, salzige
Cremes
*ezo gelin:* Suppe aus orangenfarbigen
Linsen, mit Pfefferminz

**F**

*fasulye:* Bohnen
*fava:* Bohnenpüree
*fırında:* überbacken

**G**

*gözleme:* dünne, gefüllte Teigblätter
*güveç:* im Ofen geschmortes Gericht

**H**

*hamsi:* kleine Schwarzmeersardelle
*haşlama:* mit Wurzelgemüse gekoch-
tes Fleisch
*helva:* feste Nachspeise, sehr süß
*hesap, lütfen!:* die Rechnung, bitte!
*humus:* Kichererbsenpüree
*hünkâr beğendi:* Lammfleisch in
Auberginen-Käse-Püree

**I**

*iç pilav:* Reis mit Pinienkernen,
Zwiebeln und Leber
*içli köfte:* mit Lammfleisch gefüllte
Weizenschrotbällchen
*imam bayıldı:* mit Gemüse gefüllte
Aubergine, kalt gegessen
*İzmir köftesi:* Fleischbällchen in Sauce

**K**

*kadınbudu köfte:* Fleischbällchen mit
Reis, in Eiteig ausgebacken
*kâğıt kebabı:* Lammfleisch mit Gemüsen in eigenem Saft
*kahvaltı:* Frühstück
*kahve:* Kaffee
*kalkan:* Steinbutt
*karabiber:* schwarzer Pfeffer
*karides:* Krabben, Garnelen
*karnıyarık:* mit Hackfleisch gefüllte
Auberginen

*karpuz:* Wassermelone
*kaşık:* Löffel, Suppenlöffel
*kavun:* Honigmelone
*kazan dibi:* Süßigkeit aus Milch,
  an der Unterseite karamellisiert
*kırmızı biber:* rote Paprikaplättchen
*kıyma:* Hackfleisch
*kızartma:* in Öl ausgebackene Gemüse, vor allem Zucchini (*kabak*), Aubergine (*patlıcan*), grüne Paprika
  (*biber*) und Kartoffeln (*pomfrit*)
*köfte:* Fleischbällchen
*koyun eti:* Hammelfleisch
*kuzu eti:* Lammfleisch

**L**
*lahmacun:* mit Fleischpaste bestri-
  chene Brotfladen
*levrek:* Seebarsch
*limon:* Zitrone
*liste, yemek listesi:* Speisekarte
*lokma:* Teigkügelchen in Sirup

**M**
*mantı:* Teigtäschchen mit Knob-
  lauchsauce
*meyva:* Obst
*meyve suyu:* Obstsaft
*midye dolması:* mit Reis gefüllte
  Muscheln
*mönü:* Speisekarte
*mücver:* Zucchini-Küchlein

**P**
*palamut:* Tunfisch
*pastırma:* luftgetrockneter Rinds-
  schinken in Paprikahülle
*patates:* Kartoffeln
*patlıcan:* Aubergine
*– ezmesi:* Auberginenpüree
*peçete:* Serviette
*peynir:* Käse
*pilav:* Gericht aus Reis, Weizenschrot
*piliç:* Hähnchen
*pirzola:* Lammkotelett
*piyaz salatası:* Salat aus weißen
  Bohnen und Zwiebeln
*portakal:* Orange

**R**
*rakı:* Anisschnaps
*roka:* Raukensalat

**S**
*sakızlı muhallebi:* Milchsüßigkeit,
  mit Mastik gewürzt
*salam:* Wurst
*salatalık:* Gurke
*sek:* Wein – trocken; Raki – pur
*şeker:* Zucker
*şerefe!:* Prost!
*sigara böreği:* fingerlange, mit Käse
  oder Hackfleisch gefüllte Blätter-
  teigröllchen
*şiş kebap:* Fleischstücke, am Spieß
  gebraten
*soğan:* Zwiebel (*taze soğan:* Früh-
  lingszwiebel)
*sosis:* Frankfurter Würstchen
*su:* Wasser
*sucuk:* würzige Wurst
*süt:* Milch
*sütlaç:* Milchreispudding

**T**
*tandır kebap:* in eigenem Saft
  gebackenes Fleisch
*tarama:* Fischrogencreme
*tas kebap:* Lammfleisch, gedünstet
  mit Gemüsen
*tatlı:* süß, Nachspeise
*tavuk:* Huhn
*– göğsü:* mit Hühnerfleisch bereitete
  süße Milchspeise
*– suyu:* Hühnerbrühe
*tel kadayıfı:* Süßspeise aus Teig-
  fäden
*tuz:* Salz

**Y**
*yağ:* Öl, Fett
*yayla çorbası:* Hühnersuppe mit
  Joghurt, gewürzt mit Pfefferminze
*yemek:* Essen, besonders gekochte
  und gedünstete (im Gegensatz zu
  rohen und gebratenen) Gerichte
*yoğurt:* Joghurt
*yufka ekmeği:* dünne Teigfladen
*yumurta:* Ei (*rafadan:* weich gekocht,
  *hazırlop:* hart gekocht)

**Z**
*zeytin:* Oliven
*zeytinyağlılar:* kalte Gemüsegerichte
  mit Olivenöl

# Nützliche Adressen und Reiseservice

**ANREISE**

## Mit dem Flugzeug

Von München nach Istanbul und zurück z. B. für 200 bis 380 €, mit der Staatslinie Turkish Airlines (Türk Hava Yolları, THY) und mit anderen Fluggesellschaften. Die Suche nach preisgünstigen Verbindungen lohnt sich durchaus: Zahlreiche Airlines machen sich bei den Verbindungen nach Deutschland, Österreich und der Schweiz gegenseitig Konkurrenz. Die Flugzeit von Frankfurt aus beträgt drei Stunden. Für innertürkische Anschlussflüge ist THY nahezu unentbehrlich.

## Von den Flughäfen ins Stadtzentrum

Am bequemsten ist die Fahrt mit einem der vielen Taxis, kostengünstiger sind jedoch die vom Atatürk-Flughafen regelmäßig verkehrenden Busse sowie die Metro bis Aksaray. In der mittleren Preisklasse liegen die Busse der Gesellschaft Havaş (6–10 €), die auch den Sabiha-Gökçen-Flughafen mit dem Taksim-Platz verbinden.

## Mit Bus oder eigenem Wagen

Die Anreise auf dem Landweg ist wegen der riesigen Entfernungen sehr zeitraubend, anstrengend und daher nur zu empfehlen, wenn man anschließend mit dem eigenen Wagen durchs Land fahren will. Auf der direkten Route München–Zagreb–Belgrad–Sofia–Edirne–Istanbul (wegen der Visaregelung bei den Vertretungen der Transitländer nachfragen!) sollte man besser zwei Übernachtungen einplanen. Wer die Nacht durchfährt – ohne lange Aufenthalte in Staus oder an Grenzübergängen –, erreicht in etwa 40 Stunden sein Ziel. Aktuelle Informationen über die Anreise mit dem eigenen PKW erteilt der regionale ADAC.

Die Busreise ist dank des heftigen Wettbewerbs die billigste Anreise. Traditionell gut eingeführte Unternehmen auf den Strecken nach Europa sind Ulusoy, Bosfor und Varan. Vom neuen Busbahnhof im Istanbuler Stadtteil Bayrampaşa fährt eine Tram zum Stadtzentrum.

## Mit dem Schiff

Die kürzeste Schiffsreise führt von Otranto oder Brindisi nach Igoumenitsa (weiter mit dem Wagen über Saloniki). Von April bis Oktober verkehren Autofähren der Turkish Maritime Lines und anderer Reedereien von Venedig und Ancona (Dauer: drei Nächte und zwei Tage; Kosten hin und zurück zwischen 500 und 1000 €).

**Sun Tours Holiday GmbH**
Rossmarkt 6, 63739 Aschaffenburg;
Tel. 0 60 21/2 56 42, 2 56 55, Fax 0 60 21/ 2 56 53

## Mit der Bahn

Es empfiehlt sich die Strecke München–Wien–Istanbul, mit Umsteigen in Budapest. Fahrtdauer ca. 40 Std., Ticket 2. Klasse ca. 180 € (einfach).

Der Türkei-Boom hat eine Vielzahl von »Türkei-Spezialisten« hervorgebracht. Folgende Veranstalter bieten ein gutes Preis-Leistungs-Verhältnis und zuverlässige Beratung:

### Öger Tours
Sportallee 4, 22335 Hamburg; Tel. 01 80 5/24 25 58, Fax 24 80 67; www.oeger.de

### Reisebazar
Moltkestr. 19, 79098 Freiburg; Tel. 07 61/20 77 00, Fax 07 61/2 07 70 18; www.reisebazar.de

### VISCOM Soyhan-Reisen
Schwanthaler Str. 2, 80336 München; Tel. 0 89/5 50 20 91-97, Fax 59 31 17

### Fluglinien in Istanbul
Flughafen Atatürk Int.: Tel. 02 12/4 65 55 55

Air Austria: Tel. 02 12/2 93 69 95

KLM: Tel. 02 12/3 10 19 00

Lufthansa: Tel. 02 12/3 15 34 34

Swissair: Tel. 02 12/3 54 99 00

Turkish Airlines: Tel. 02 12/4 63 63 63

### Auskunft
**Türkisches Informationsbüro des Tourismus-Ministeriums**
- Baseler Str. 35–37, 60329 Frankfurt am Main; Tel. 0 69/23 30 81–82, 23 56 03, Fax 23 27 51
- Europa-Center 6, 06, Tauentzienstr. 9–12, 10789 Berlin, Tel. 0 30/2 14 37 52, 2 14 39 52; E-Mail: tanitmamus@yahoo.de
- Singer Str. 2/8, 1010 Wien; Tel. 02 22/5 12 21 28-29, Fax 5 13 83 26
- Talstr. 82, 8001 Zürich; Tel. 01/2 21 08 10-12, Fax 2 12 17 49; E-Mail: tuerkeiinfo@bluemail.ch

### In Istanbul:
- Karaköy Liman Yolcun ---} S. 115, F9 Salonniçi; Tel. 02 12/2 49 57 76

- Hilton Oteli Girişi
  ---} S. 114, nördl. C 9
  Taksim, Elmadağ; Tel. 02 12/2 33 05 92
- Sirkeci Gari, Sirkeci (im Bahnhof);
  ---} S. 119, D 18
  Tel. 02 12/5 11 58 88
- Sultanahmet Mey. ---} S. 119, D 19
  Sultanahmet; Tel. 02 12/5 18 87 54
- Atatürk Airport, Yeşilköy
  ---} Umschlagkarte hinten, b 3
  Tel. 02 12/6 63 07 93, 5 73 41 36

Alle wichtigen Standardinformationen sind hier erhältlich, es gibt Übersichtspläne und einige Prospekte, und man kann sich darauf verlassen, dass deutsch- oder englischsprachiges Personal vorhanden ist.

### Bevölkerung
Istanbul ist nach Fläche und Bevölkerungszahl gerechnet Europas größte Stadt, mit rund 14 Mio. Einwohnern – und jedes Jahr kommt eine weitere halbe Million Menschen dazu. Dabei ist Istanbul nach wie vor eine kosmopolitische Stadt, auch wenn die traditionellen Minderheiten der Griechen, Armenier und Juden nur noch jeweils wenige tausend Einwohner stellen. Andererseits sind in den letzten Jahrzehnten viele aramäische Christen aus Südostanatolien in die Stadt gezogen, weil in ihren Heimatdörfern die Verhältnisse immer schwieriger geworden sind.

So repräsentiert Istanbul das Bevölkerungsmosaik der Türkischen Republik. Hier leben neben sunnitischen alewitische Muslime, neben Türken, Turkmenen und Tataren Kirmandsch und Zaza sprechende Kurden und Kaukasier. Ein Dorf im anatolischen Bosporus-Hinterland wird seit anderthalb Jahrhunderten von polnisch sprechenden Katholiken bevölkert. Dazu kommen die Levantiner und bedeutende Gruppen von Ausländern, die aus Europa und Amerika, aber genauso aus den arabischen Ländern und dem Iran zugewandert sind.

**BUCHTIPPS**
Kein Buch kann Istanbul gerecht werden – nur Bibliotheken bieten genug Seiten für den interessierten Leser. Aber Klaus Kreisers **Istanbul** versammelt aus diesen Bibliotheken einige der interessantesten und vergnüglichsten Texte, die aufzeigen, wie in osmanischer Zeit in Istanbul gelebt wurde. Auch die wichtigsten Gebäude kommen vor, und das Buch hilft seinem Leser, sie anders zu sehen.

Klaus Kreiser, **Istanbul: Ein histo-risch-literarischer Stadtführer** (München: C. H. Beck, 2001). Istanbuls osmanische Geschichte, farbig aus den Quellen erzählt und übersetzt.

Orhan Pamuk, **Istanbul: Erinnerungen an eine Stadt** (München: Carl Hanser, 2006). Die Hommage des Nobelpreisträgers an die Stadt seiner Jugend.

Christoph K. Neumann, Klaus Kreiser, **Kleine Geschichte der Türkei** (Stuttgart: Reclam, 2003). Kurzgefasste Geschichte der Türken, mit besonderer Berücksichtigung ihrer Kultur und Gesellschaft.

**DIPLOMATISCHE VERTRETUNGEN**
**Bundesrepublik Deutschland**
**Botschaft der Türkischen Republik**
Rungestr. 9, 10179 Berlin;
Tel. 0 30/27 58 50, Fax 27 59 09 15

**Generalkonsulat** ····⟩ S. 115, D 10
İnönü Cad. 16–18, Ayazpaşa, Taksim;
Tel. 02 12/3 34 61 00, Fax 2 49 99 20

**Österreich**
**Türkische Botschaft**
Prinz-Eugen-Str. 40, 1040 Wien; Tel. 01/
5 05 73 38, 5 05 04 27, Fax 5 05 36 60

**Generalkonsulat** ····⟩ S. 85, b 2
Köybaşı Cad. 46, Yeniköy;
Tel. 02 12/2 62 49 84

**Schweiz**
**Türkische Botschaft**
Lombachweg 33, 3006 Bern;
Tel. 0 31/3 59 70 70, Fax 3 52 88 19

**Generalkonsulat** ····⟩ S. 115, nördl. F 9
Hüsrev Gerede Cad. 75/3, Teşvikiye;
Tel. 02 12/2 59 11 18

**FEIERTAGE**
Offizielle Feiertage, an denen Banken, Behörden und die meisten Läden geschlossen sind:

**1. Januar** Neujahrstag
**23. April** Tag der nationalen Unabhängigkeit und der Kinder
**19. Mai** Atatürk-Gedenktag, Tag der Jugend und des Sports
**30. August** Tag des Sieges (über die Griechen, 1922)
**29. Oktober** Tag der Republik (Gründung 1923)

Am ersten Tag des »Şeker Bayramı« (zurzeit im Oktober) und während des viertägigen »Kurban Bayramı« (im Dezember) sind die meisten Geschäfte ebenfalls geschlossen. Diese Feiertage richten sich nach dem Mondkalender, sind also beweglich. Die anderen religiösen Feiertage beeinflussen das öffentliche Leben kaum. Auch an hohen Feiertagen bleiben wenigstens Lebensmittelläden geöffnet; und auch viele der Läden, die sich ausgesprochen an Touristen richten, haben auf. Istanbul ist eben tatsächlich eine Stadt, die immer geöffnet hat!

**FERNSEHEN**
Große Hotels haben eine Satellitenantenne auf dem Dach und bieten den Gästen deutschsprachige Programme. Die fünf Programme des staatlichen Senders *TRT* und zahlreiche türkische Privatsender mit hohem Werbeanteil sind überall präsent: In vielen Geschäften, einfachen Lokalen und Teegärten wird der Fernseher kaum abgestellt. Deutsche Nachrichten auf dem Sender TRT INT um 22.45 Uhr.

**FOTOGRAFIEREN**
Bei militärischen Anlagen ist das Fotografieren verboten, unerwünscht

ist es in einigen religiösen Kreisen, etwa in Fatih. Trotz Sprachbarriere, ein fragender Blick und ein gewinnendes Lächeln genügen im Allgemeinen zur Verständigung.

## Geld

Ausländische und türkische Währungen dürfen unbegrenzt eingeführt werden. Deutsche Banken tauschen die **Yeni Türk Lirası** zu einem skandalös schlechten Kurs um, aber Bankfilialen haben an den Grenzstationen rund um die Uhr geöffnet. Nicht verbrauchtes türkisches Geld kann vor der Rückreise unter Vorlage der Umtauschquittung oder einer Bescheinigung über die Deklaration der eingeführten Summe zurückgetauscht werden. Bessere Kurse als die meisten Banken bieten manche Wechselstuben (»döviz büfesi«).

Seit der Währungsreform vom 1. Jan. 2005 (eine Mio. Türkische Lira wurden zu einer Neuen Türkischen Lira) zirkuliert die **Yeni Türk Lirası** in Scheinen zu 100, 50, 20, 10, 5 und 1 YTL sowie in Münzen zu 1 YTL und 50, 20, 10, 5 und 1 **kuruş**.

## Internet

**www.istanbul.net.tr**
Stadtführer mit aktuellen Informationen, Programmen und Tipps. Nur zum Teil auf Englisch.

**www.reiseland-tuerkei-info.de**
Weit verzweigte Website mit allerlei nützlichen Informationen.

**www.kultur.gov.tr**
Website des türkischen Ministeriums für Kultur und Tourismus; auf elf Sprachen, u. a. auch auf Deutsch.

## Kleidung

Türken kleiden sich in aller Regel formeller als Mitteleuropäer. Kurze Männerhosen gelten als ausgesprochene Freizeitkleidung. Freizügige Damenkleidung wird oftmals als sexuell provokant empfunden. Entblößte, aber unrasierte Damenbeine gelten als unsauber (für die Kleidungsvorschriften beim Moscheebesuch → S. 43).

## Medizinische Versorgung

Aufgrund eines deutsch-türkischen Sozialversicherungsabkommens kön-

---

### Wechselkurse

| Lira | Euro | Franken |
|---|---|---|
| 0,10 | 0,06 | 0,10 |
| 0,50 | 0,29 | 0,48 |
| →1 | 0,58 | 0,97 |
| 2,50 | 1,45 | 2,42 |
| 5 | 2,90 | 4,83 |
| 7,50 | 4,36 | 7,25 |
| 10 | 5,82 | 9,67 |
| 20 | 11,63 | 19,33 |
| 50 | 29,07 | 48,32 |
| 75 | 43,61 | 72,49 |
| 100 | 58,15 | 96,65 |
| 300 | 174,44 | 289,95 |
| 500 | 290,73 | 483,24 |

---

### Nebenkosten
(umgerechnet in €)

- 1 Kaffee ..................... 1,50
- 1 Bier ......................... 3,00
- 1 Cola ....................... 1,00
- 1 Weißbrot (ca. 500g) . 0,25
- 1 Schachtel Zigaretten ......... 1,00–2,00
- 1 Liter Normal-Benzin . 1,50
- Öffentl. Verkehrsmittel (Einzelfahrt) ...... 0,75
- Mietwagen/Tag ... ab 80,00

nen in Deutschland Krankenversicherte mit einem Berechtigungsschein ihrer Kasse in der Türkei an den im Beiheft aufgeführten Stellen gratis behandelt werden. Eine zusätzliche Kranken-Rücktransport-Versicherung wird jedoch empfohlen. Medikamente sind in der Türkei sehr billig; man kann hier seine Hausapotheke kostengünstig auffüllen. Spezialheilmittel jedoch sollten auf die Reise mitgenommen werden.

### Deutsches Krankenhaus
····⟩ S. 114, C 10
Sıraselviler Cad. 114, Taksim;
Tel. 02 12/2 93 21 50

### Österreichisches St.-Georgs-Krankenhaus    ····⟩ S. 85, b 2
Bereketzade Sol, 5/7, Galata;
Tel. 02 12/2 43 25 90-91

### Notruf
Polizei: 155
Notarzt/Krankenwagen: 112
Feuerwehr: 110

### Politik
Istanbul ist eine Provinzhauptstadt der ausgesprochen zentralistisch strukturierten Türkischen Republik. Präsident, Parlament, Regierung, Verfassungsgericht und Generalstab residieren dagegen in der Hauptstadt Ankara. Trotzdem spielt Istanbul als bevölkerungsreichste Stadt sowie als Wirtschafts-, Bildungs- und Medienmetropole des Landes politisch eine entscheidende Rolle.

Zuwanderer aus allen Teilen des Landes haben die Probleme ihrer jeweiligen Heimat mitgebracht: Unterentwicklung, ethnische (Stichwort: Kurden) und konfessionelle Differenzen, Bevölkerungswachstum. Das erste osmanische Parlament trat bereits im Jahr 1877 zusammen. Trotzdem verläuft die Geschichte der türkischen Demokratie (seit 1945 gibt es ein Mehrparteiensystem) bis heute krisenhaft. Dreimal, zuletzt 1980, intervenierte das Militär. Aber auch zu politisch »normalen« Zeiten funktioniert der Rechtsstaat über weite Strecken nicht, wie er eigentlich sollte.

Seit den 1980er-Jahren bemüht sich die Türkei verstärkt um eine Integration in die Weltgesellschaft und den Weltmarkt. Zur Westintegration (seit 1952 ist sie NATO-Mitglied, 1987 stellte sie den Antrag auf Mitgliedschaft in die EG, seit 1999 ist sie Beitrittskandidat der EU, mit der seit 2005 Beitrittsverhandlungen laufen) kommt seit 1989 eine enge Kooperation mit den Anrainerstaaten des Schwarzen Meeres und den Turkstaaten der einstigen Sowjetunion. Heute verlaufen die Auseinandersetzungen zwischen Befürwortern und Gegnern der neoliberalen Öffnung des Landes. Überraschend: Die meisten islamisch-konservativen Kräfte sind für sie, die um Privilegien fürchtenden Kemalisten dagegen.

### Post
Postämter (PTT) sind Mo–Fr 8.30–12.30 und 13.30–17.30 Uhr geöffnet, Hauptpostämter Mo–Sa 8–24 und So 9–19 Uhr. Mit »Postrestant, Istanbul Merkez Postanesi« adressierte postlagernde Briefe laufen beim »Büyük Postane«, Yeni Postane Cad., Sirkeci, ein. Das Porto ist billig; viele Postämter bieten auch Geldwechsel- und Faxservice.

### Reisedokumente
Für den Aufenthalt bis zu drei Monaten genügt für Bürger Deutschlands, Österreichs und der Schweiz ein gültiger Personalausweis. Österreichische Staatsbürger erhalten bei Einreise an der Grenze ein kostenpflichtiges Stempelvisum (15 €). Wenn Sie mit einem Fahrzeug einreisen, benötigen Sie einen gültigen Reisepass, in den das Fahrzeug eingetragen wird.

### Reiseknigge
Immer entspannt! Touristen wird verziehen, wenn sie sich einmal unge-

schickt verhalten. Insgesamt geht man in der Türkei ohnehin freundlicher und ungezwungener miteinander um als in Deutschland.

Man sollte in Moscheen und Kirchen auf **angemessene Kleidung** achten (Knie und Oberarme, bei Frauen auch die Haare bedeckt) und auf ausführlicheren Spaziergängen in eher konservativen Vierteln (Eyüp, Fatih) nicht zu aufreizend gekleidet sein.

Freundlichkeit ist auch die Hauptregel beim **Verhandeln** um den Kaufpreis eines Andenkens, zumal das Feilschen nur in Basaren und Teppichgeschäften üblich ist. Trinkgeld zahlt man Kellnern (etwa 10%), nicht aber Taxifahrern. Nach wie vor ist es unüblich, im Restaurant getrennte Rechnungen zu verlangen.

Anders als in Deutschland ist **Rauchen** in der Öffentlichkeit und beim Essen zwischen den Gängen weit verbreitet; die (nicht obligatorische) Bitte, rauchen zu dürfen, ist höflicherweise zu gewähren.

**REISEVERANSTALTER**

Istanbul kann ziemlich anstrengend sein. In den letzten Jahren haben sich diverse Istanbuler Agenturen auf einen alternativen Ausflugstourismus spezialisiert, der in erster Linie von Türken für Türken gedacht ist und durch den man Kultur und Natur in und um die Stadt intensiver kennenlernen kann.

**Fest Travel**

Großes Kulturreisebüro, das neunzig verschiedene Stadttouren und Spaziergänge anbietet.

Barbaros Bulvarı 74, K.7, D.20, Balmumcu, Beşiktaş; Bushaltestelle Balmumcu; Tel. 02 12/ 2 16 10 36 – 37; www. festtravel.com

**RELIGION**

Über 98 % der türkischen Bevölkerung sind Muslime. In Istanbul stellten einstmals griechisch-orthodoxe, jüdische und armenische Minderheiten wichtige Anteile der Bewohnerschaft, doch sind diese in den letzten Jahrzehnten durch Abwanderung stark geschrumpft. Trotzdem bleibt die Stadt ein konfessionelles Mosaik, nicht nur wegen der vielen Ausländer und zugewanderter kleiner Gruppen wie den syrianischen Christen, sondern vor allem wegen muslimischer Minderheiten wie den synkretistischen Alewiten.

**RUNDFUNK**

Der UKW-Sender TRT 3 FM bietet Nachrichten auf Englisch, Französisch und Deutsch um 9, 12, 14, 17, 19 und 22 Uhr auf der Frequenz 91,4. Die Deutsche Welle ist auf MW 1557 kHz von 15–22 und 1–3 Uhr zu empfangen, außerdem auf diversen Bändern des Kurzwellenbereichs und über Satellit.

**STROMSPANNUNG**

220 Volt. Stromausfälle und Spannungsschwankungen kommen vor.

**TELEFON**

Das türkische Telefonnetz ist modern und funktioniert ausgezeichnet. Handys sind sehr verbreitet. Telefonkarten gibt es auf den Postämtern und mit geringem Aufpreis bei Straßenhändlern vor Telefonhäuschen. Ferngespräche kann man außerdem auch auf Postämtern und in darauf spezialisierten Läden (auch mit Fax!) führen.

In Istanbul gelten zwei verschiedene Vorwahlen:

**europäisches Ufer:** 02 12
**asiatisches Ufer:** 02 16
Telefonauskunft unter der Nummer 118.

**Vorwahlen**
A, CH, D → T: 00 90
T → D: 00 49
T → A: 00 43
T → CH: 00 41

**TIERE**

Tiere brauchen ein Gesundheitszeugnis »Certificate of Origin« und ein weiteres »Veterinary Health Certificate«, außerdem eine mindestens 15 Tage vor Abreise ausgestellte Tollwutbescheinigung. Da die Türkei, auch in Istanbul, Tollwutgebiet ist, sollte man frei laufende Straßentiere besser nicht berühren.

## VERKEHRSVERBINDUNGEN

### Autofahren in Istanbul

Die Verkehrsregeln der Türkei entsprechen den europäischen. Bleifreies Benzin (»kurşunsuz«) ist in Istanbul problemlos zu finden. Wegen des chaotischen Verkehrs und der immensen Parkplatzprobleme ist die Benutzung des eigenen Autos jedoch nur in Ausnahmefällen eine vernünftige Entscheidung. Auf jeden Fall sollte man eine zusätzliche Kurzkaskoversicherung abschließen, die auch auf der asiatischen Seite des Bosporus gültig ist. In Notfällen ist der ADAC in Istanbul unter der Nummer 02 12/2 88 71 90 zu erreichen. Bei schweren Unfällen wenden Sie sich an den ADAC in München (Tel. 0 89/22 22 22, für Krankenheimholung 0 89/76 76 76).

### Mietwagen

Mietwagenpreise beginnen bei etwa 60 € pro Tag. Alle größeren internationalen Verleihfirmen haben eine oder mehrere Niederlassungen in Istanbul, dazu kommen nur hier vertretene kleinere Verleihe.

**Avis** ····⟩ S. 114, C 1
Abdülhak Hamid Cad. 72, Elmadağ;
Tel. 02 12/4 44 28 47, Fax 46533457;
www.avis.com.tr

**Sixt Rent a Car** ····⟩ S. 114, nördl. C 9
Kısıklı Cad. Nurbada Sok. 1, Üsküdar;
Tel. 02 16/3 18 19 40, Fax 3 21 40 14

### Innerstädtische Busse (otobüs)

Die blau-grünen, blau-orangen und rot-weißen Autobusse sind die billigsten Verkehrsmittel. Fahrpläne gibt es kaum, an jedem Bus steht vorne, wohin er fährt. In diesem Führer wird nur auf die wenigen Linien verwiesen, auf denen Doppelstockbusse verkehren. Sie nehmen Passagiere nur mit, solange Sitzplätze vorhanden sind, verlangen aber einen erhöhten Fahrpreis (etwa 0,80 €). Bustickets (»bilet«) sind an größeren Stationen (auf Vorrat kaufen!) oder bei fliegenden Händlern erhältlich. Beim Einsteigen wirft man eines pro Fahrt in den Kasten neben dem Fahrer, bei den privaten »Halkotobüsleri« zahlt man am Eingang. Praktisch ist das elektronische Ticket »Akbil«, das für alle öffentlichen Verkehrsmittel gilt. Man bekommt es an Verkehrsknotenpunkten und kann es dort auch immer wieder aufladen lassen.

### Taxis

Der schnellste und bequemste Weg, in der Stadt herumzukommen, sind die ausgesprochen günstigen Taxis. Bestehen Sie darauf, dass der Taxameter in Betrieb gesetzt wird. Von Mitternacht bis 6 Uhr morgens gelten Nachttarife (zu erkennen an dem Schriftzug »gece«, blaues oder rotes Lämpchen auf dem Taxameter).

### Sammeltaxis (dolmuş)

Die Minibusse, die als Sammeltaxis verkehren, fahren erst los, wenn alle Plätze besetzt sind. Trotzdem nehmen sie – wie auch immer das geht – noch Passagiere am Weg auf. Für Touristen interessant sind vor allem die Minibusse vom Taksim (vor dem Atatürk Kitaplığı, Mete Cad.) nach Sarıyer, von Vezneciler zwischen Universität und Kalenderhane-Moschee nach Edirnekapı und von Taksim-Gümüşsuyu nach Beşiktaş-Fußgängerüberführung. Der Fahrpreis beträgt zwischen 0,50 und 1 €; er ist im Wagen zu zahlen. Zwischen Eminönü und Üsküdar bzw. Kadıköy und zwischen Beşiktaş und Üsküdar verkehren »motor«, die das bewährte Prinzip der Sammeltaxis auf das Wasser übertragen.

### Seebusse (deniz otobüsleri)

Katamarane mit mehreren hundert Sitzplätzen verkehren in erstaunlicher

Geschwindigkeit zwischen weiter voneinander entfernten Stadtteilen. Die zu entrichtenden Fahrpreise liegen je nach Entfernung zwischen 1 und 20 € (z. B. für die Fahrt nach Bursa).

### Stadtdampfer (şehirhatları)

Die gemütlichen städtischen Dampfer (mit eigenem Getränkeservice) verkehren zwischen den wichtigsten Stadtteilen an der Küste, zu den Prinzeninseln und über das Marmarameer – leider nicht immer häufig genug. Die Münzen (»jeton«), die zur Mitfahrt berechtigen, kosten etwa 0,50 €, Kinder, die unter dem Stahlbügel am Eingang passieren können, dürfen kostenlos mitfahren.

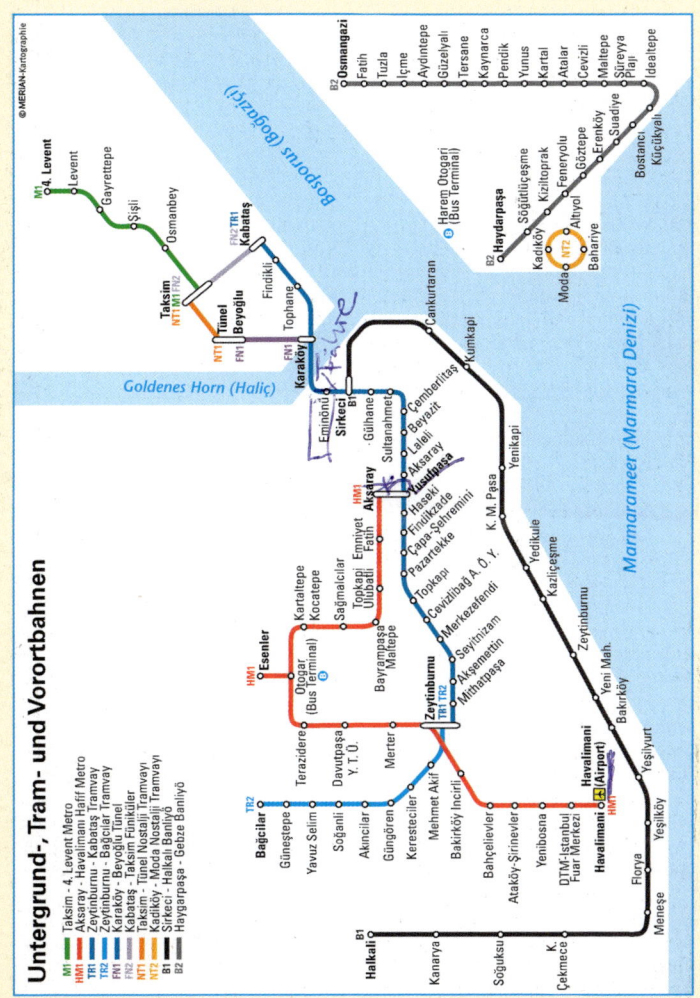

### Trambahnen (tramvay)

Die nostalgische Trambahn zwischen Taksim-Platz und Tünel und die modernen Trambahnlinien in und aus der Altstadt heraus sind zuverlässige und verhältnismäßig schnelle Verkehrsmittel. Die Linie Kabataş–Zeytinburnu führt durch das historische Stadtzentrum. In Zeytinburnu hat man Anschluss an die Verbindung vom Flughafen nach Aksaray (die so genannte **Hafif-Metro**), die auch den Busbahnhof anfährt.

### Untergrundbahn (tünel und metro)

Seit dem Jahr 2000 verkehrt endlich die erste richtige Untergrundbahn (Metro), vom Taksim nach Norden in das Geschäftsviertel Levent. Sie ist ziemlich schnell, aber für den Touristen nur in wenigen Ausnahmefällen interessant. Bis zur Fertigstellung der Metro war die wenige hundert Meter lange Linie zwischen Karaköy und dem Ende der İstiklâl Caddesi aus dem Jahr 1874 die einzige echte Untergrundbahn der Stadt. Seit 2007 verbindet ein weiterer sogenannter **Füniküler** den Taksim-Platz mit Kabataş.

### Vorortbahnen (banliyö treni) und Fernbusse

Auf den Überlandstrecken fahren die verhältnismäßig schnellen, aber spartanisch eingerichteten Vorortbahnen mehr oder weniger die Küsten des Marmarameeres entlang. Die Tickets beim Aussteigen aufbewahren, sie werden an den Ausgängen eingesammelt!

Fernbusse sind das wichtigste Verkehrsmittel bei Ausflügen zum Beispiel an die türkische Westküste. Busfahren ist billig, Komfort und Reisegeschwindigkeit verdienen meist gute Noten. Der Busbahnhof in Esenler ist mit der schnellen Trambahn von Eminönü gut erreichbar.

### Zeitungen und Zeitschriften

Auf Englisch erscheinen in Istanbul die Tageszeitung »Daily News« sowie der »New Anatolian« und wöchentlich die deutschsprachige »Türkische Allgemeine«. Kulturprogramme enthalten die auf türkisch und englisch erscheinenden Zeitschriften »Istanbul The Guide« und »Metropolist« (zweimonatig).

Zu Istanbul ist außerdem ein MERIAN-Heft (ISBN 3-7742-6706-0) erhältlich.

### Zeitverschiebung

Die Türkei ist Mitteleuropa eine Stunde voraus. Um 12 Uhr mittags in Berlin ist es 13 Uhr in Istanbul.

### Zoll

Persönliche Gebrauchsgegenstände sind zollfrei (z. B. bis zu 5 Filme für den Fotoapparat), ebenso 200 Zigaretten oder 50 Zigarren, 200 g Tabak oder 50 g Schnupftabak (zusätzlich aus dem Dutyfreeshop 200 Zigaretten, 100 Zigarren und 500 g Pfeifentabak). Zollfrei sind weiter 1,5 kg Kaffee, 1,5 kg Pulverkaffee, 500 g Tee, 1 kg Schokolade und 1 kg Süßigkeiten sowie eine 1-l-Flasche oder zwei 0,75-l-Flaschen alkoholischer Getränke. Mitgeführten wertvollen Schmuck, Antiquitäten und elektronisches Gerät sollte man sich bei der Einreise in den Pass eintragen lassen, um bei der Ausreise Schwierigkeiten zu vermeiden. Nicht vergessen: bei der Ausreise diesen Eintrag wieder löschen, wegen künftiger Einreise.

Auch Kraftfahrzeuge werden bei der Einreise in den Pass eingetragen. Wichtig: bei Diebstahl, schwerem Unfall oder Totalschaden ein Polizeiprotokoll anfertigen lassen, damit vor der Ausreise die Registrierung im Pass gelöscht werden kann und kein Einfuhrzoll nachgezahlt werden muss!

Bei der Ausreise muss für Teppiche die Quittung und für antike Gegenstände (über 100 Jahre alt) die schriftliche Genehmigung einer Museumsleitung vorgelegt werden.

Weitere Auskünfte unter www.zoll.de, www.bmf.gv.at/zoll und www.zoll.ch.

# Kartenatlas

Orientierung leicht gemacht: mit Planquadraten und allen Orten und Sehenswürdigkeiten.

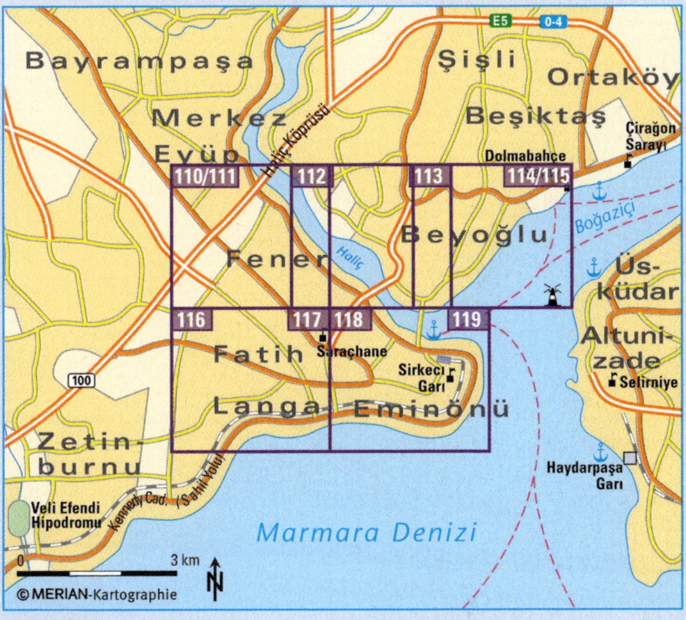

**Bayrampaşa** · **Şişli** · **Ortaköy** · **Merkez** · **Beşiktaş** · **Çırağan Sarayı** · **Eyüp** · **Dolmabahçe** · E5 · 0-4 · **Haliç Köprüsü** · 110/111 · 112 · 113 · 114/115 · **Fener** · **Beyoğlu** · **Haliç** · **Boğaziçi** · **Üsküdar** · 116 · 117 · 118 · 119 · **Fatih** · **Saraçhane** · **Altunizade** · **Selirniye** · 100 · **Sirkeci Garı** · **Langa** · **Eminönü** · **Zetinburnu** · **Haydarpaşa Garı** · **Veli Efendi Hipodromu** · Kennedy Cad. (Sahil-Yolu) · **Marmara Denizi** · 0 · 3 km · N

© MERIAN-Kartographie

## Legende

### Spaziergänge

○——▶ Zum Pilgerziel Eyüp - dem frommsten Viertel İstanbuls (S. 70)

○——▶ Galata - bunt, kosmopolitisch und von Künstlern neu entdeckt (S. 74)

○——▶ Das unbekannte Istanbul - von Lâleli zur Galatabrücke (S. 79)

### Sehenswürdigkeiten

🔟 MERIAN-TopTen

🔟 MERIAN-Tipp

▢ Sehenswürdigkeit, öffentl. Gebäude

✳ Sehenswürdigkeit Kultur

✳ Sehenswürdigkeit Natur

⛪ Kirche; Kloster

🏰 Schloss, Burg; Ruine

☪ Moschee

✡ Synagoge

🏛 Museum

### Sehenswürdigkeiten ff.

⚱ Denkmal

🗼 Leuchtturm

∴ Archäologische Stätte

### Verkehr

━━━ Autobahn

━━━ Autobahnähnliche Straße

━━━ Fernverkehrsstraße

━━━ Hauptstraße

━━━ Nebenstraße

━━━ Unbefestigte Straße, Weg

🅿 Parkmöglichkeit

🅱 Busbahnhof

🅗 Bushaltestelle

Ⓜ Metrostation

### Verkehr ff.

🚉 Bahnhof

⚓ Schiffsanleger

✈ ⊕ Flughafen; -platz

### Sonstiges

ℹ Information

🎭 Theater

Markt

📷 Botschaft, Konsulat

⛳ Golfplatz

▲ Camping; Strand

☀ Aussichtspunkt

✝✝✝ Friedhof

Muslimischer Friedhof

National-, Naturparkgrenze

A    B    C

Kırklareli

Edirne

Flughafen

1

2

3

4

Eyüp 9

Eyüp

Rami Kışla Cad.

Çiftçi Ali Sk.
N. Okanar Sk.
İnçirlik Sk.
Kılıçasoğlu Sk.
İnci Bahçe Sk.
Seyh Raşit Cad.
Al. Gürbüzler Cad.
Ömer Sk.
Sümer Sk.
Kanuni Bağı Sk.
Kenduver Sk.
Yonca Sk.
Nimet Ef. Çıkmı.
Gündeş Sk.
Yusuf Ef. Çıkmı.
Güvercin Sk.
Çayır Sk.
Barika Sk.
Armağan Sk.
Serçe Sk.
Eyüp Sultan Bulvarı
Samancılar Sk.
Kanatlı Sk.
Nimet Sk.

Haydarbaba Cad.
Sirkeci Sk.
Karayel Sk.
Nazırağa Camii Sk.
Ashane Sk.
Abdurrahman Şeref Bey Cad.
Gılısüyü Sk.
Cumafaa Cad.
Maratekke Sokağı

Topçular Cad.

Topçular Cad.
Atölye Sk.
Alınteri Sk.
İsidoren Sk.
Torun
Hacı Bilgin

Maltepe Cad.

Maltepe Cad.
Fıçıcılar Sk.
Münzevi Cad.
Çaycılar Sk.
Rıza Uzun Sk.
Servi Sk.
Münzevi Kışla Cad.
Kışla Aralığı Sk.
Kayın S.
Ardıç Sk.
Lokal Sk.
Mohaçlar Sk.
Alp Tekin Sk.
Dağırmen Yolu Sk.

Sakızağacı
Hava Şehitliği

Pasmakçı Çayırı Cad.

Ortaçeşme Sk.
Namazgah Sk.
Fıralı
Otakçılar
Çelebi Cad.

M

Maltepe Çıkmazı

Rami-Edirnekapı Cad.

Boğaziçi Köprüsü Çevre Yolu

Rami-Edirnekapı Cad.

Bağlantı Yolu

Edirnekapı
Şehitliği

Ata Sk.
Nar Sk.
Soy Sk.
Sur Sk.
İbrahim Ağa Cad.

Mihrimah Camii

Hocaçkır

Teodos II. Suru

Topkapı-Edirnekapı Cad.

Niyazi mısrî Cad.

Sarmaşık Sk.
Neslishah
Camii
Çınarlı bostan Sk.

Boğaziçi Köprüsü Çevre Yolu

Maltepe Topkapı Yolu

Davut Paşa

Topkapı
Mezarlığı

Topkapı Davut Paşa
Cad.

Takkeci
İbrahim
Ağa

İlyazade
Camii

İlyazade Cami

Davut Paşa
Cad.

Topkapı-Edirnekapı Cad.

Teodos II. Suru

Saluk. Cad.

Emin molla Sk.

Mardan cephane Cad.

Şeyhülislam

M

Çayır Meydanı Cad.

Kahal Bağı

Sulukule

Türkmen
Sk.

Bican
Bağoğlu Sk.

Zeynel Ağa Sk.

Keçeci meydanı Cad.

Neyzenler Sk.

Sokak İmam Sk.

Adnan Menderes

116

met Paşa Camii
Emini Yousu Sk.
Birol

A    B    C

Kilyos

Goldenes Horn

Defterdar
İskelesi

Haliç Köprüsü

Kumbarahane Cad.

Kağıthane Bahçesi

Yavedut Cad.

Ayvansaray

Kazasker Ivaz
Ef. Camii

Atik Mustafa
Paşa Camii

Eski Galata Köprüsü

Türk Müzi
Aletleri M

Aynalıkavak
Kasrı

Musevi
Hastahanesi

Tekfur
Sarayı

Bulgar Kilisesi

112

Fener İskelesi

Kariye Camii
(Mozaik Camii)

5

Katacan
Camii

Koca
Mustafa Ps.

Kefeli Camii

Fethiye
Camii

Draman
Camii

Vasıf Çınar
İlkokulu

Vefa
Stadyumu

Meh.
Ağa Camii

Sultan
Selim Camii

Çukurbostan
Camii

Fevzi Paşa Cad.

Haci
Ferhat Ss.

Zincirlikuyu
Camii
(Atik Ali Ps.)

Alta Camii

Darüssafaka
Lisesi

Esk İmaret
Camii

Hırka-ı Şerif Camii

Mesih Ali
Ps. Camii

Sağır Dilsiz
Okulu

0          300 m

© MERIAN-Kartographie

N

**D**      **E**      **F**

Hyatt Regency

Küçük Çiflik Parkı

Şişli

Açıkhava Tiyatrosu

Çekirdek Sk.

Şair Nedim Cad.

Ortabahçe Cad.

Spor Cad

Spor Cad

Beşiktaş Cad

Beşiktaş İsk. Hayrettin İsk. Sk.

ransız kanesi

İstanbul Teknik Üniversitesi

Acısu Sk.

Abbasağa

Vişnezade Camii Önü Sk.

Vişnel Tekke Sk.

Lütfi Sk.

Baba Efendi Sk.

Resim ve Heykel Müzesi

Cad

Taksim Turizm-İş Merkezi

Kadirgalar geçiti

Taşlık Parkı

Dolmabahçe Sarayı

Gazhane Bostanı Sk.

İnönü Stadyumu

Bandirma Cad.

Mralay Şefik Bey Sk.

İstanbul Teknik Üniversitesi

Gazhanesi Cad.

Dolmabahçe Cad.

Dolmabahçe C ad.

tatürk Merkezi

Gümüşsuyu Hast.

Mühendislik Fakülteleri

Saat Kulesi

The Marmara

Gümüşsuyu Cad.

Dümen Sk.

Suluk Çeşme Sk.

Hacı İhsan Paşa Sk.

Beytülmalcı Sk.

Dolmabahçe Camii (Bezm-i Atem Valide Sultan Camii)

Çifte Vav Sk.

Meclisi mebusan Cad.

İnebolu Sk.

Beşaret Sk.

Sakayası Sk.

Molla Bayırı Sk.

Fındıklılı Molla Celebi Camii

Saffet Mahmut Cami Sk.

Meclisi mebusan Cad.

ngir

Mimar Sinan Üniversitesi

B o ğ a z i ç i

Üsküdar

10

**10**

**11**

**12**

⑩

0     300 m

© MERIAN-Kartographie

Bostanci

**D**      **E**

N

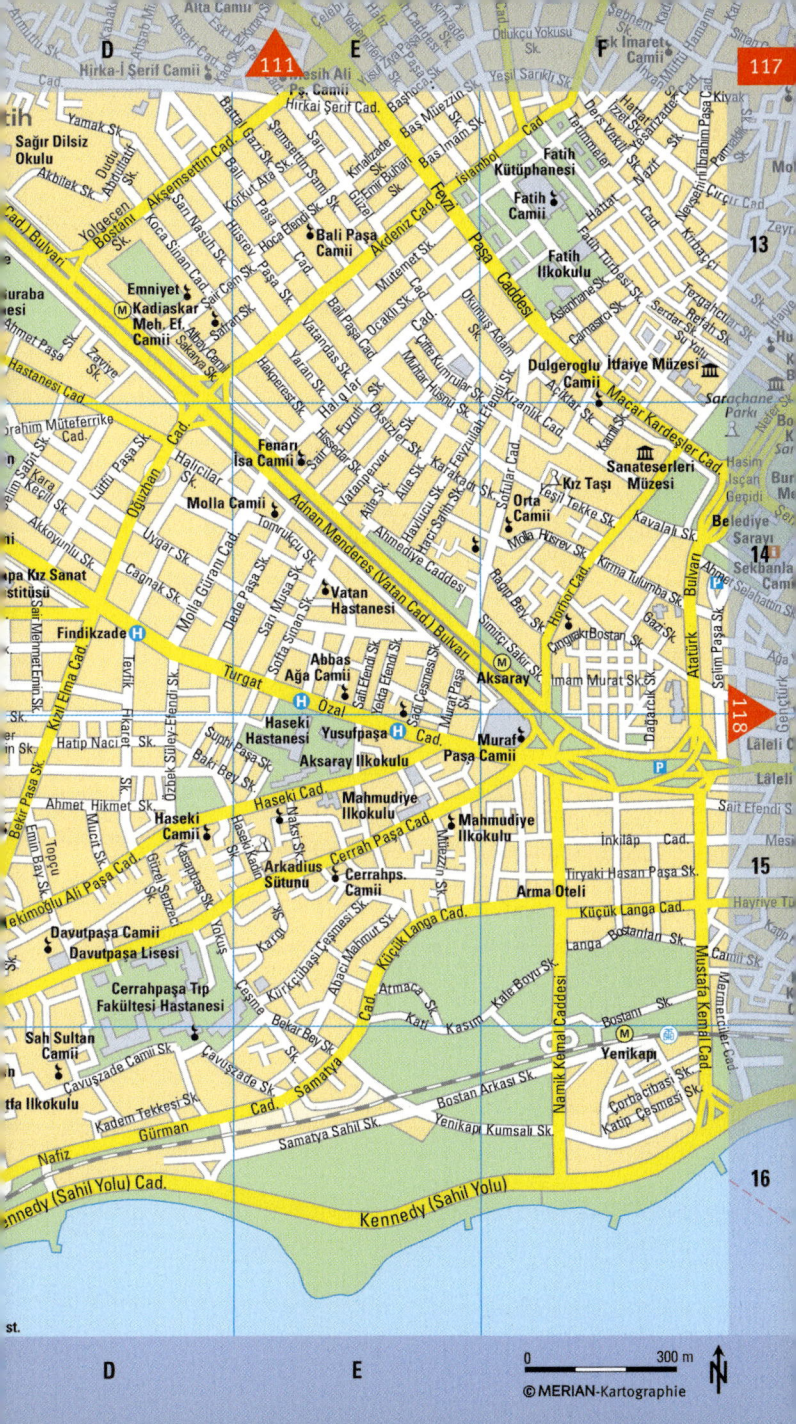

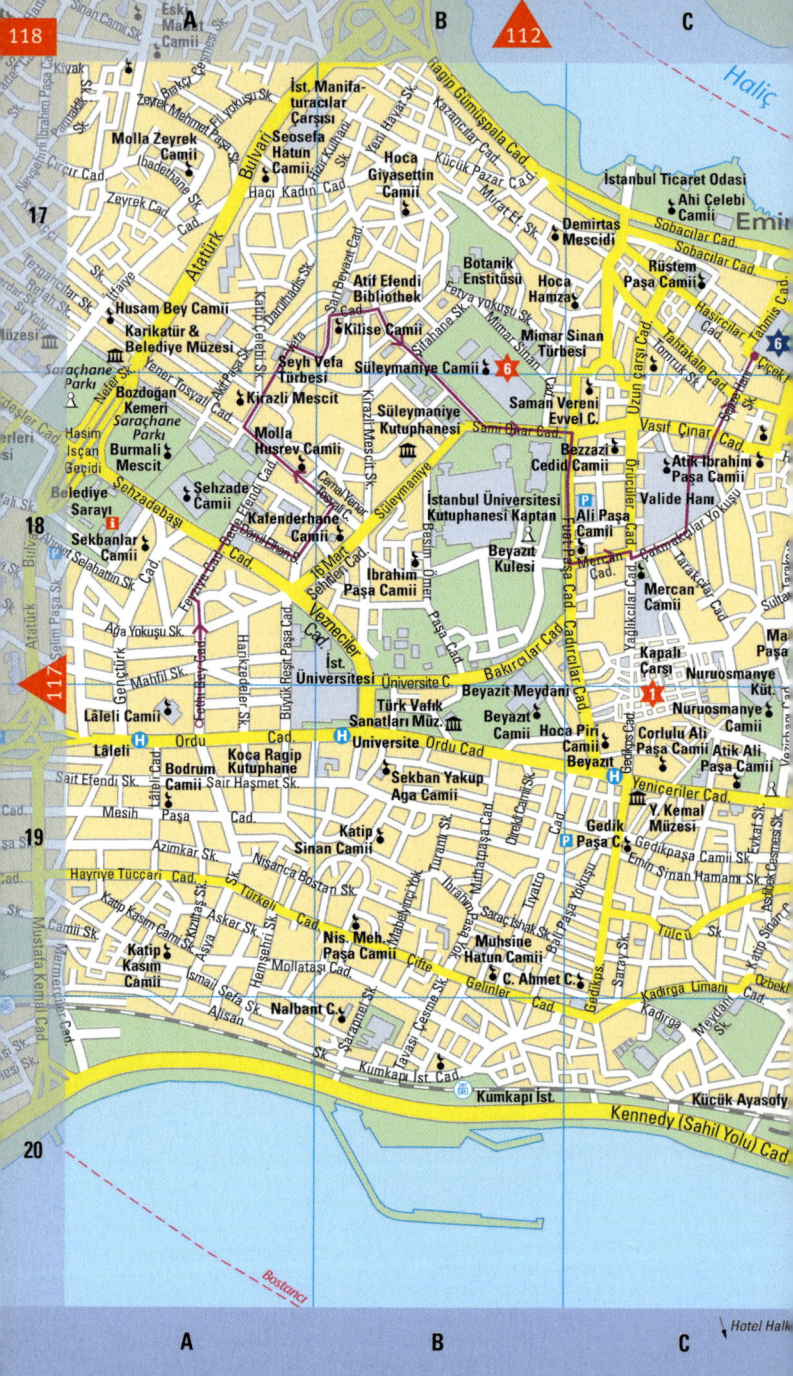

Marmara Denizi

© MERIAN-Kartographie

0    300 m

Hier finden Sie alphabetisch aufgeführt alle in diesem Band beschriebenen Sehenswürdigkeiten und Museen, Hotels (H) und Restaurants (R). Außerdem enthält das Register wichtige Stichworte sowie alle MERIAN-Tipps und MERIAN-TopTen dieses Reiseführers. Wird ein Begriff mehrfach aufgeführt, verweist die **fett** gedruckte Zahl auf die Hauptnennung im Band, eine *kursive* Zahl verweist auf ein Foto.

**Liebe Leserinnen und Leser,**
wir freuen uns, Ihre Meinung zu diesem Reiseführer zu erfahren. Bitte schreiben Sie uns, wenn Sie Berichtigungen und Ergänzungsvorschläge haben oder
wenn Ihnen etwas besonders gut gefällt:

**TRAVEL HOUSE MEDIA GmbH,** Postfach 86 03 66, 81630 München
E-Mail: merian-live@travel-house-media.de; Internet: www.merian.de

### DIE AUTOREN
Diesen Band schrieben **Michael Neumann-
Adrian** und **Christoph K. Neumann.** Michael
Neumann-Adrian studierte Geschichte,
Literatur und Philosophie; er lebt am
Starnberger See. Christoph K. Neumann
ist Turkologe und Osmanist. Er lehrt an
der Bilgi-Universität Istanbul. Das Team
Neumann/Neumann-Adrian veröffentlich-
te zahlreiche Bücher über die Türkei, dar-
unter den MERIAN-*live!*-Führer »Türkei
Südküste«.

**Bei Interesse an Karten
aus MERIAN-Reiseführern
wenden Sie sich bitte an:**
iPUBLISH GmbH, geomatics
E-Mail: geomatics@ipublish.de

**Bei Interesse an Anzeigenschaltung
wenden Sie sich bitte an:**
KV Kommunalverlag GmbH & Co KG
MediaCenterMünchen
Tel. 0 89 – 92 80 96 – 44
E-Mail: kramer@kommunal-verlag.de

### FOTOS
Titelbild: Hagia Sophia (Transglobe/
Layda); alle übrigen Fotos W. Seitz/
edition vasco, außer R. Hackenberg 18,
19, 25, 26, 29, 36; Harscher/laif 10/11;
M. Horwarth/Anzenberger 34; G. Jung 74;
G. P. Müller 45, 91, 92/93; Peter Neusser
4/5, 9, 33, 68/69, 81; I. Pompe/look 16,
30; Richmond Hotel 12; C. Schmidt/
edition vasco 42; Th. Stankiewicz 20,
40/41, 53; K. Thiele 7; F. Tophoven/laif
38, 59, 87; M. Türemis/laif 66, 73;
M. Zegers 48, 78, 80

### PROGRAMMLEITUNG
Dr. Stefan Rieß
### REDAKTION
Susanne Kronester
### SATZ UND LEKTORAT
Maja Mayer für bookwise, München
### GESTALTUNG
wieschendorf.design, Berlin
### MERIAN-QUIZ
Verónica Reisenegger (Konzept und Idee)
### KARTEN
MERIAN-Kartographie
### DRUCK
Appl, Wemding
### BINDUNG
Auer, Donauwörth
### GEDRUCKT AUF
Eurobulk Papier von der Papier Union

2. Auflage

# Istanbul

## MERIAN-Tipps

*Tipps und Empfehlungen für Kenner und Individualisten*

**1 Hyatt Regency Hotel**
Das postmoderne Luxushotel ist das ästhetisch reizvollste der Stadt (→ S. 13).

**2 Hotel Halki Palas**
Auf der Prinzeninsel Heybeli gelegen, verbinden sich der Charme des 19. und der Komfort des 21. Jahrhunderts (→ S. 14).

**3 Deniz Park (Aleko'nun Yeri)**
Fischessen direkt am Ufer des Bosporus, mit Raffinesse zubereitet – ein Höhepunkt jeder Istanbul-Reise (→ S. 18).

**4 Asmalı'da Carit**
Von Intellektuellen besuchtes Weinhaus mit wundervollen Vorspeisen (→ S. 19).

**5 Restaurant Changa**
Avantgardistische Küche unter Einbeziehung türkischer kulinarischer Traditionen (→ S. 21).

**6 Mısır Çarşısı (Ägyptischer Basar)**
Wie eh und je werden hier Gewürze, getrocknete Früchte, Rinderschinken, Lokum und Käse verkauft (→ S. 23).

**7 Babylon**
Musikklub mit Weltklasseprogramm: Jazz, Latin, Avantgarde (→ S. 31).

**8 Bar Roxy**
Disco-Bar zwischen avantgardistischem Industriesound und »Golf«-Rock (→ S. 32).

**9 Yerebatan Sarayı (Yerebatan-Zisterne)**
336 Säulen, eingetaucht in farbiges Licht – diese Zisterne ist ein Erlebnis (→ S. 61).

**10 Sabancı Üniversitesi Sakıp Sabancı Müzesi**
Stattliches Museum mit großartigen Ausstellungen (→ S. 64).

← MERIAN-TopTen finden Sie auf Seite 1